내가 나에게 쓰는 감사 편지

내가 나에게 쓰는 감사 편지

초판 인쇄　2023년 10월 11일
초판 발행　2023년 10월 16일

지 은 이　장갑생
펴 낸 곳　코람데오
등　　록　제300-2009-169호
주　　소　서울시 종로구 세종대로 23길 54, 1006호
전　　화　02)2264-3650, 010-5415-3650
　　　　　　FAX. 02)2264-3652
E-mail　soho3650@naver.com

ISBN | 979-11-92191-21-8　03230

값 15,000원

한 달에 한 번, 한 사람에게 손으로 쓴 감사편지

내가 나에게
쓰는 감사편지

장갑생 지음

 코람데오

살아갈 날들보다

살았던 날들이 눈앞에 몇 안 되는

잎덩굴손 붙들고 곁가지에서 떨어질 듯

바람에 부대낀다

무성한 숲에서 은칼처럼 찾아왔던

눈먼 우리의 사랑이 아니라면

한 생애는 비도 바람도 햇빛도 가늠할 수 없는

연어가 거슬러 올라가지 않는

물새가 나르지 못하는 샛강이었을 뿐

그대 아니었다면

야위어가는 이야기 속에 뛰어들어

시방 여럿 물음표에게 몸을 던졌을 터

수십 년의 세월 속에 서로 겹쳐져

그는 나이며 내가 그가 되었던

꽃다운 시절의 가시관 남아

나의 지나친 남루를 가리고 있다

시퍼런 칼바람 불어

등 뒤로 덤벼오는 불청객의 지척에서

낡아가는 옷깃 여미며

꽃등 빈 가지에 매달아 따사한 날 품고

무덤처럼 깊은 동짓달 건너리라

              - '11월의 애가(哀歌)'

사무엘 울만의 시(詩) 청춘을 읽었을 때, 크나큰 울림이 마음에 던져졌다. 청춘이란 장밋빛 볼이나 유연한 무릎이 아니라 강인한 의지나 불타는 열정 그리고 풍부한 상상력이라고 말한다. 정신이 냉소주의와 비관주의로 덮이면 스무 살이라도 늙은이가 되는 것이다. 이 시를 접하면서 나는 질문하고 질문한다.

나는 지금 냉소주의와 비관적인 생각으로 얼룩져 살고 있지 않은가? 나는 지금 아름다움이라든가 희망이라는 단어와 가까운가? 지금 내 삶을 돌이켜 보며 자신 있게 잘 살았다라고 말할 수 있는가? 지금 나는 누구에게 연락하고 싶고 시간을 내어서 같은 마음으로 서로의 말을 들어주는 사람이 있는가? 지금 나는 무엇을 추구하며 살고 있는가? 아니면 안이함의 늪 속에서 허우적이는가? 나는 지금 몇 살로 살고 있는가? 잘 늙었다라고 스스로 말할 수 있는가? 나는 청춘인가? 아니면 말 그대로 늙은이인가? 인생을 되돌아보면서 누구에게 희망을 주며 살았다고 말할 수 있는가?

아직 어릴 때, 사람은 나이를 먹는 것이 무엇인지조차 모른다. 열정이 식어버린 어른들이 어기적거리며 일어나는 모양새가 보기 싫었고, 흰머리에 쭈글쭈글한 얼굴로 상징되는 늙음이 우리에게 닥칠 때까지 아예 눈을 감고 살았다. 알고 싶지 않았다. 50대가 될 때는 40대 끝자락에서 몇 번을 헤매다가, 그래 50이 넘었지 라며 인정하지 않을 수 없었고 60대가 되어서는, 마치 인생을 다 살았다는 생각에 지배당해, 그냥 50대에 머물러 있으려고 의식적인 노력을 기울인다. 그러다가 육십몇 세가 된 후 비로소 환갑이 넘었음을 인정하지 않을 수 없었다. 그래서 환갑잔치를 기피하게 된 것일까?

이제 정말 늙은이가 되고서야 알게 된 사실이 하나 더 있다. 젊음이 늙음을 의식적으로 회피하려 하지만 정작 늙음이 자신에게 닥칠 때까지도 깨닫지 못하는 것은 '모른다'는 것이다. 마치 우리가 사후세계를 모르는 것처럼. 나이가 들면 머리가 돌아가지 않고 생각이 굳어지고 몸도 예전처럼 말을 듣지 않는다는 것을, 알아차리지만 어떻게 해야 할지 늙어가는 자신도 모른다. 그러니까 젊음은 도

저히 늙음을 모른다는 것이다. 모르니까 늙음을 막 대하고 모르니까 이해충돌이 생기는 것이다. 모르니까 다른 안경을 끼고 보는 것이다. 사실 그 나이가 되면 겨우 알게 된다. 그전에는 안 그러셨는데 이만한 일에 왜 갑자기 노여워하시는 걸까? 그 연세에 엄마는 왜 그러셨을까? 끊임없이 자기 자신에 집착하는 인간의 자기 중심성은 나이가 들어차면 그때까지 지켜왔던 교양 따위를 벗어버리고 쉽게 날 것으로 돌아간다. 평생 술을 마시면 술로 채워지고 담배나 다른 습관도 몸에 배어버려서 버릴 수 없다. 세월에 덧대어진 옹고집이 견고한 진을 쌓는 것이다. 그러니까 왜 이상하게 집착하시는지, 왜 그만한 일에 화를 내시는지, 왜 그렇게 같은 말을 또 하고 또 하시는지, 부모님도 평소와 다르게 어쭙잖게 행동하셨다는 것을 알게 된다. 몰랐으니까, 알게 되었다는 것은 내 나이가 부모님의 그 나이에 맞추어졌다는 뜻이다.

무엇 때문에 사는가? 라고 끊임없이 질문한다. 정말 아름다운 노년이라고, 일생으로 치면 석양빛이 참으로 장엄하듯 끝까지 황홀한 계절을 살아냈다고 말할 수 있겠는가? 이참에 내가 꿈꾸는 늙음으로 늙은 사람은 어떤 사람인지 묻는다. 어떤 사람일까? 먼저 떠오르는 생각은 대지였다. 대지와 같은 사람이 아닐까? 무엇이나 받아주고 싹을 틔우는 대지, 모든 것을 덮어주는 대지, 존재조차 드러내지 않아도 기대고 사는 대지… 또한 물과 같은 사람은 어떤가? 낮은 곳으로 낮은 곳으로 흘러 싹을 틔우게 하는 원동력. 죽음을 딛고 일어서게 하는 물…

　천상병의 시(詩) '귀천'처럼 내 삶이 소풍같이 아름다웠다고 말할 수 있는가? 그는 초라한 육신의 몸을 벗는 날 하늘로 돌아가리라고 말함과 동시에 이 세상 소풍이 아름다웠다고 말하리라…고 했다. 나는 무엇이라고 할까? 왠지 모를 억울했던 60대를 지나더니, 어느덧 70대의 문턱을 넘어서는 나이가 되었다. 세월은 빨리 달아나고 더욱 늙어지게 되었다. 늙었다는 서러움에 몰입해서 자신을 방치해야 하겠는가? 비로소 늙음을 인정하고 잘 늙었으면 좋겠다고 바라볼 수 있는 나이에 다다르지 않았는가? 이제, 연말이 지나면 아무리 부정하고 싶어도 70에 다다르게 될 것이다. 2012년 말의 어느 추운 겨울이었다. 일생에서 또다시 일 년이 사그라지는 때가 아닌가? 마음이 편치 않았다. 더구나 당시 상황은 어려웠다. 큰 어려움을 겪고 있었으니까. 우선 2010년부터 해마다 큰 수술을 받았던 건강문제였다. 바로 그 전 해 가을, 딸이 '엄마, 나 결혼하면 어떻게 하지?'라고 말하는 소리를 듣고 46평되는 아파트에서 32평 아파트로 확

줄이며 이사했다. 혼자 살 수 있는 사이즈이기도 하고 딸의 걱정도 덜어주고 싶어서였다. 그러나 서른 서넛이 된 딸이 그때까지 결혼할 기미가 없자, 내가 무지외반증 수술을 2010년 3월에 감행한 것이다. 사실 딸이 시집가면 해볼까 하던 수술을 참을 수 없어서 먼저 해치운 것이라고 할까? 연만한 자녀를 둔 부모의 마음이 그렇지 않을까? 그러나 뼈를 깎는 수술이 그렇게 간단하고 쉬울리 없었다. 많이 후회하고 어렵게 몸을 추스르고 그해를 넘기자마자, 2011년 1월에 유방암 수술을 받아야만 했다. 이것은 선택의 문제가 아니라 병마와 맞서야 하는 혈투였다. 힘들게, 다시 일 년을 조심조심 넘기며, 2012년에 비로소 회복되기 시작해 가뿐하게 한해를 넘기는가 했더니, 가을에 접어들어 우포늪으로 여행하는 도중 오른쪽 손목이 똑 부러지는 골절 사건이 일어났다. 오른손으로 아무것도 못하는 몇 개월이 지나자 연말이 다가왔다.

　몸이 아프니까 마음도 몹시 아팠다. 무엇이 문제인가? 어떻게 하면 되지?라는 질문과 기도가 내 삶을 죄고 있었고 게다가 칠십 줄의 나이에 따른 경고음이 계속 머릿속을 맴돌고 있었다. 인생의 막바지에 다다른 자의 고통이 느껴졌다. 이제 무엇을 해야 하는가?라고 물어볼 수밖에 없었다. 그 와중에 정말 내가 거역하지 못했던 일이 일어났다. 기도하면 할수록 '감사하라'는 말이 떠올랐다. 감사할 게 없는데 감사하라는 메시지가 가슴을 차며 계속되었다. 떨쳐버리지 못했다. 그러니까 마음이 편치 않았다. 세상에 사는 동안 우리의 결핍은 늘 사랑이다. 나는 어머니 없는 어린 시절을 보냈다. 동생을 낳다가 돌아가신 어머니 대신 예쁘고 젊은 새엄마가 들어오셨다. 엄마를 그리워하는 세상에서 내 결핍으로 남겨졌다. 그러는 동안 남편을 만나서 갈급한 사랑은 조금이나마 채워졌었다. 하지만 나이 오십둘에 접어들자 동갑내기 남편을 먼저 하늘나라로 보내고 하늘이 무너지는 체험을 겪는 과부로 하루하루 인생의 짐을 지고 살아가야 하는 내게 감사는 어려운 문제였다. 특히 딸은 내 마음과 달리 혼사가 이뤄지지 않고, 나이만 채우고 있으니 무슨 감사가 나오겠는가? 그래도 감사하라는 마음이 계속 차올라서 생각했다. 이제 새롭게 선보일 새해를 맞으며 어떻게 감사할 것인가? 나이 칠십을 맞아 무엇으로 감사할 것인가? 시(詩) 11월의 애가를 쓰고, 다시 읽으면서 무덤처럼 깊은 동짓달에 할 일은 무엇인가라며 질문하고 질문했다.

그렇다. 인생을 정리할 때가 코앞에 닥쳐온 것이다. 그러므로 인생을 마무리하는 차원에서 감사하기로 작정했다. 방법은? 한달에 한번 감사편지를 쓰면 어떨까? 욕심부리지 않고 계속 감사하는 일은 그리 많지 않았다. 그러므로 어떻게 감사할 수 있는가를 고민했을 때, 떠오른 생각이 감사편지였다. 첫 감사편지는 누구에게 쓸까? 둘째 동서가 떠올랐다. 그래서 손으로 편지를 써서 보냈다. 소식을 끊고 사는 동서가 그 편지를 받고 전화했다. "언제 한번 만나자."

　그렇게 한 달에, 한 번 한 사람에게 감사편지를 쓰니까, 내 마음이 감사로 채워지고 많이 밝아졌다. 손으로 계속 편지를 써 보냈기 때문에 원본이 없다. 글이 사라지는 것이 안타까워 몇 달 만에 사본을 찾아 저장했다. 첫 편지는 사본조차 없었다. 영 잃어버렸다. 2013년에 열두 사람에게 감사편지를 드리고 그다음 해 때때로 한 달에 두 분께 편지를 쓸 만큼 편지 쓰는 일에 몰두했다. 그렇게 계속하다 보니까 내 인생을 정리하는 작업이 확실하다는 것을 깨달았다. 70년 넘게 몸으로 살아보니까 인생을 마무리하는 작업 또한 얼마나 소중하고 필요한지 깨닫게 되었다. 험난한 고비 고비가 아름다운 추억으로 빛날 수 있다면 힘겹게 살아온 인생마저 감사하지 않은가? 과거는 현재에 닻을 내리는 미래가 되니까 하여 감사드리는 마음으로 그 사람을 떠올리며 가만히 생각에 잠기면 그의 어떤 본질이 시와 겹쳐지는 부분이 있다. 진정한 사물에, 사물의 본질에 닿으려는 보이지 않는 시처럼 겹쳐지는 그 사람과의 조우, 본질은 한 형상이다. 시적

명상으로 돌아간다. 그러므로 한 분 한 분에게 한 편의 시를 엮어 보았다. 인간은 시적인 존재이므로. 감사가 시로 이끌어주는 마중물처럼 이 감사편지가 물과 같이 낮은 데로 내려가서 다른 사람의 마음에 작은 싹을 틔우면 좋겠다.

　내 마음도 더불어 가볍다. 내가 빌려 산 세월도 – 어렵고 숨 가쁜 – 감사하고 옷깃을 스치고 간 수많은 사람 때문에 살 수 있었음을 고백하며 감사하고 특별히 글로 쓰지 않아도 이웃들에게 감사하고 감사하다. 대한민국이 있어서 감사하고 조국이 자랑스러워 더욱 감사하다. 글로써 조금이나마 인연이 된 분들께 진심으로 감사하다. 어찌 필설로 다 말할 수 있겠는가? 이마저 감사의 작은 부분일 뿐……필설로 다 표현할 수 없을 만큼 감사하다는 것을 깨우쳐주시기 위해 감사하라고 하셨구나!! 눈물이 앞을 가린다.

차례

들어가는 말 · 5

1부

밤과 낮 사이 · 19

한강철교 · 26

새엄마의 방 · 31

몇 갈래 길에서 이미마을로 · 35

별과 같이 빛나며 · 41

사랑 시 · 49

물의 지느러미 · 53

지워지지 않은 역사 · 61

달뿌리풀 · 67

2부

위니펙으로 가는 길 · 73

답신 · 79

시간의 이빨 사이에서 · 86

가계의 손아귀에서 · 91

나에게 주어진 몸 · 96

청바지를 빨며 · 101

무릎 꿇고 앉았다 · 108

여호와는 나의 목자시니 · 113

오늘은 선물이다 · 119

3부

벽속의 산책 · 127

풀섶 풀잎사귀 귀로 앉아 · 131

원단 금식 · 135

그림자 유희 · 140

9월이여 오라! · 147

또 하나의 못 · 160

울어라 한반도여! · 165

사이, 머리와 가슴 · 173

비로소 물결을 노래한다 · 178

4부

누군가 내 서랍을 열 때 · 185

사이, 양파의 날개 · 191

이름 모르는 택시기사에게 · 195

파도에 길이 있다 · 198

이슬은 영원하다 · 204

그대 머무는 곳에 · 210

시 · 216

새벽의 이촌동에서 · 221

물은 둥글다 · 227

가시연 · 233

나가는 말 · 237

1부

/

물의 지느러미

밤과 낮 사이

　　날씨가 아주 차네요. 오래 묵었던 달력을 치우고 새 달력을 걸면, 먼저 성큼 다가오는 아주버님의 생신날에 동그라미를 그려요. 그럴 때마다 어머님의 이야기가 떠오릅니다. 그 때는 윗목에 놓아둔 물조차 꽝꽝 얼었다고요. 그 추위 가운데 생신 잔치가 화려하게 느껴졌다면, 아마 날씨에 비해서 오시는 분들의 축하가 그만큼 따뜻했고 진심이라는 사실 때문이 아닐까요?

　제가 처음 아주버님을 뵈었을 때를 기억합니다. 대구에서 타고 온 기차를, 내리던 날 서울에 비가 왔었는지 질퍽질퍽한 진창을 걸어 세검정에 도착했을 때, 부모님께서 세검정에 사셨으므로 부모님을 뵈어야 하니까 어쩔 수 없이 젖은 양말을 벗고 올라갔었습니다. 너무 부끄럽고 창피했지만 엎질러진 물이어서 정신없이 인사드리고 처음으로 건축가의 방에 들어갔습니다. 음악이 흐르는 방 – 자기가 좋아하는 음악을 들려주려고 데리고 들어갔던 것 같습니다. 제도 판이 있었던 것이 또렷이 기억에 떠오릅니다. 강렬한 메시지가 있어서 방주인의 성품이 드러났다고 할까요? 얼마나 반듯하신지 건축가의 더욱 깔끔한 이미지를 풍겼습니다. 클래식 선율이 부드럽게 흐르는 방에 앉아있던 그때는 몰랐습니다. 번뜩이는 예지는 칼날같은 날카로움으로 다가온다는 것을. 또한 한점 흐트러짐 없는 삶은 날카롭고 찬 이미지로 더욱 두드러져 보이지 않을까요? 사실 마음이 워낙 따뜻하신 분이며 남을 배려하는 귀한 덕목을 지니고 계시다는걸 차츰 알게 되었지만, 그때 맨발로 다니던 저를 책잡지 않으셔서 감사했습니다.

그 무렵 저를 미쓰 장이라고 불러주셨다는 걸 기억하시나요? 따뜻하게 들렸습니다. 더구나 아주버님의 날카로움은 걱정스러울 만큼 매력적이었습니다. 모르셨어요?

그런 아주버님과 큰 아주버님 두 분 사이가 어찌나 좋던지, 어느 목사님의 말씀을 아직도 기억합니다. 어떤 목사님이셨는지?

형제가 함께 한마음으로 사는 것이 얼마나 선하고 얼마나 보기에 좋은가! 그것은 마치 귀한 기름을 머리에 부어 수염에까지, 곧 아론의 수염에까지 흘러내리고 그 옷깃에 까지 흘러내리는 것 같고 또 헤르몬의 이슬이 시온 산에 내리는 것 같구나. 거기서 여호와께서 복을 내리셨으니 바로 영원한 생명이로다. (시편 133편)

사실, 이 시편이 말해주듯 우리는 거의 매달 가족 모임이 있었잖아요? 아주버님의 생신을 필두로 온 가족이 모이는 가풍이 있어서 저희 결혼 후 다음 해, 첫 번째 그의 생일에도 온 가족이 저희 셋집에 오셨지요. 아주 비좁은 남의 집 셋방살이 도중에 차렸던 그의 초라한 생일상의 추억이 새롭습니다. 부모님 두 분의 생신은 말할 것도 없었지요. 형님들, 우리 동서들이 부엌에 가득한 걸 보며 '소라도 잡겠다'라고 사람들은 말했답니다. 그렇게 설날부터 명절뿐 아니라 생일 때마다 모였기 때문에 큰댁의 사위는 말했다고 합니다. "너희 집은 왜 그리 유별나게 자주 모이느냐?"

이것은 우리들의 자랑이었습니다. 가족이 하나같이 화목한 것!

돌이켜보면 둘째 형님댁의 공로도 첫째 형님의 리더십에 못지않았습니다. 능력이나 소질뿐 아니라 모든 면에서 탁월하신 분이 아니십니까? 아주버님은 명철하셔서 어느 것이나 꿰뚫고 계시는 것이 많았습니다. 왜 그런 것이 보이지 않겠습니까? 그렇지마는 큰 아주버님을 잘 보필하며 함께 일하심으로 우리나라 최고의 건축, 정림건축을 일구었다는 것은 자타가 공인하지 않습니까? 아주버님이 서울대 교수직을 접고, 먼저 정림을 시작하셨기에 그리고 큰 아주버님이 합류하셨기에 가능한 일이 아니었습니까? 사람들은 알았습니다. 큰 아주버님의 건축미학과 아주버님의 건축공학이 하모니로 빚은 결과, 정림건축은 그 열매라고요.

지금부터 5, 6년전 일까요? 큰 아주버님이 편찮으셨을 때, 저는 가능하다면 자주 찾아뵈러 갔습니다. 그때 두 집안 문제가 불거진 것을, 큰 아주버님은 한 번도 입 밖에 내지 않았습니다. 혹 제가 있을 때 전화가 오면 딴 방에서 문을 닫고 받으셔서 무슨 일이 어떻게 돌아가는지 알 길이 없었습니다. 그런 어느 날인가, 큰 아주버님이 딱 한 말씀 하셨습니다.

"정림은 하나님께서 김씨 집안에 내려주신 기업이라고 생각합니다."

그 말을 듣는 순간 '아주버님이, 정리를 하시는구나 인생의 모든 것을 내려놓으려고 하시구나'라고 생각했습니다. 그리고 큰 아주버님이 소천하신지 어느덧 3년이 흘렀습니다. 우리들의 즐거웠던, 돌이켜보면 힘들고 괴로웠던 시댁의 화려한 모임이 없어진 것도 그 세월을 뛰어넘었습니다. 온누리교회 큐티(QT)모임에서 자주 만났던 남자 집사님이 들려주었던 이야기가 생각납니다. 건축가이신 그분 자신이 두 분 아주버님과 해외여행을 함께 다니면서 형님이 동생을 챙기시는 것을 보며 감명을 받았다고 했습니다. 그렇게 큰 아주버님이 우리 정식이 우리 정식이 하셨다고 했습니다.

오늘 저는 아주버님이 계셔서 너무 좋았고 감사했던 일들을 떠올려 봅니다. 아주버님께서는 어느 때부턴가 함께 섬기던 후암교회 예배가 끝나면 저희를 조선호텔로 데려가셔서 브런치인가 점심을 같이 먹으며 많은 이야기를 나누었습니다. 아주버님 특유의 사람 좋으신 웃음을 지으면서 말입니다. 이후 그이가 타계하고 처음으로 제 생일을 맞았을 때 형제분들이 조선호텔에서 초라해진 저의 생일잔치를 베풀어주셨습니다. 너무 감격해서 조선호텔 하면 제게 떠오르는 감사입니다. 더욱 그가 타계한 후 친구 변호사님께 저를 보내셨지요? 그 변호사님이 말했습니다.

"얼마나 힘들겠습니까? 그러나 형님들이 계시니까 그 병풍에 기대어 울타리로 삼고 사십시오." 멋진 형제분들이 계신다는 사실이 그렇게 든든한 적은 또 없었습니다.

가장 감사한 일은 아이들을 예뻐하시는 아주버님이 은주의 볼을 잡고 이마를 맞대고 눈을 맞추며 '똥강아지'라고 해주신 일입니다. 아이들만큼이나 옆에서 마음이 따뜻해졌었습니다. 그것은 저희에게 매달 생활비를 보태주셨던 때로 거슬러 올라갑니다. 은주가 대학 다닐 때, "남도 돕는데 우리 가족을 왜 못 돕겠는가"하시면서 시작되었던 도움의 손길을 아이엠에프(IMF)가 터진 어려움 가운데도 멈추지 않고 일정 금액을 제게 보내주셨습니다. 흔치 않은 일이어서 사람들을 고양시키는 제 자랑거리였습니다. 그렇게 돋보이는 형제 우애가 아니었습니까?

아주버님은 또한 집안 이야기를 역사 이야기하시듯 술술 풀어가셨습니다. 그처럼 집안을 돈독히 묶는 우애를 가지고 계셨다고 믿습니다. 아주버님이 계셔서 우리가 늘 자랑스러웠다는 것을 말하고 싶었습니다. 무엇보다 그렇게 자랑스러운 아주버님들이 그의 장례를 도맡아 주셨다는 것을 감사드리지 않을 수 없습니다. 그처럼 아끼고 사랑하는 동생을 잃은 슬픔은 손수 장례식을 치르시며 드러내 보이셨습니다. 여린 제게 맡기지 않고 형제분들이 모두 함께 치르셨습니다. 고맙습니다. 그 애통함이 지속 되어서 그의 생일이 아니라 제 생일에까지 이어졌다고 생각했습니다. 그리고 이제 아주버님의 생신이 다가옵니다. 그 시절처럼 모이지 않더라도 "생신을 축하합니다."라고 말하고 싶습니다. 매섭게 춥지만, 이 추위 가운데 있는 기쁨 하나 – 아주버님의 생신날이었습니다. 이런 기쁨은 추위도 물러가게 하는 소중한 관계가 아니겠습니까? 생신을 축하 축하합니다! 온 마음으로 축하합니다!

무엇보다 그동안 의지가지없는 제게 베풀어 주셨던 따뜻한 마음과 실질적인 도움, 그 모든 것에 감사드립니다. 아주버님과 얽혀졌던 지나간 모든 것은 아름답습니다. 그래서 더욱 감사합니다. 아주버님 동생이자 저의 남편인 그의 타계는 밤과 낮의 간극입니다. 그래서 썼습니다.

풀숲에 숨어서 너는
풀잎 같은 얼굴로 앉아있다
꿈보다 애틋하게 사라져 간 후
너는 나를 그리며 헤매고 있다
밤과 낮 사이
네가 던진 몸짓도 혓바늘도 녹아버리고

붉게 타는 햇발 속에서

발바닥 적시던 물기마저 사라지는 것을

뒤섞이는 별과 별똥별 벼와 피처럼

언제나 섞여 있다

낮의 잠꼬대 가라앉아

뒤집힌 모래판에 밤 내려

귀 밝혀줄 저녁불씨 같은 너를 그린다

너는 풀숲에 숨어서

풀잎 같은 얼굴로 앉아있으나

맨발로 걸어도

바람의 줄무늬 사이에도 없다

- '밤과 낮 사이'

한강철교

계절의 여왕이라는 오월을 맞닥뜨리니까 가장 먼저 네가 생각나는구나. 우리들의 삶에서 가장 빛났던 시절, 오월과 같았던 그 시절을 떠올려보렴. 그때 너는 순진하고 순수하며 어린 소녀의 감성으로 충만한 꽃봉오리였어. 아버지의 말씀을 잘 따르는 착한 순종적 시절이었지. 우리는 더구나 철부지였고 집이 가까웠다는 이유만으로 등하교를 함께 하였고 그렇게 친구가 되었어.

그 인연은 계속되고 이어져서 네 남편과 내 남편도 절친 사이였고, 자연히 떼려야 뗄 수 없는 관계가 되었지. 우리가 신촌에서 신혼을 보낼 때, 네가 대구에서 올라와 시간을 함께 보냈다는 말을 듣고, 연수차 대만에 나가 있던 은주아빠가 편지에 적어 보냈지. "친구가 와서 너무 좋았겠다."

너를 통하여 처음으로 나는 사람이 서로 다르다는 것을 알았고, 사람마다 타고난 성격이 있다는 것도 알게 되었어. 그렇게 좋았던 너의 순수함이 처음으로 다른 각도에서 느껴지기 시작했거든. 왜 뒤집어서 생각하지 못하지?로 바뀐 것이 못내 아쉬워. 세월을 따라 내가 변해버렸거든. 석주엄마-너는 그렇게 불리는 것을 좋아했어. 너의 아들은 잘나고 빛난 아들이니까. 어느 엄마가 자기 아들을 자랑스러워하지 않겠느냐만, 석주는 자타가 인정하는 잘난 아들이지. 그래도 옥희는 내게 변없는 네 이름이야.

　옥희야, 이제 남은 날이 얼마인지 알 수 없는, 생의 끄트머리에 다가왔다는 느낌만으로도 우리는 많이 늙었잖니! 그래서 할 수 있는 말인데, 되돌아보니까 인생에는 각자 삶의 몫이 있는 것 같아. 제각기 다 다른 자기 몫을 타고 난다고 할까? 살아보니까 그렇다는 생각이 들어. 맏이로 태어나서 맏아들과 결혼한 너는, 친정과 시댁 부모님을 언제나 먼저 챙겨드려야 하는 위치에 있었지. 지금까지 홀로 되신 시아버님을 모시는 너는 '부모님'이 언제나 네 몫이었어. 나는? 시인이 된 내 몫은 슬픔과 고독이랄까? 동의하니?

　그러니까 자기 몫을 기꺼이 끌어안고 산다면 삶의 고단함이 덜 느껴지고, 덜 불행하고, 자신이 덜 안쓰러워지는 것이 아닐까?

　이번에 네 약대 친구들이 주축이 되어 남해안 일주(재작년), 서해안 일주(작년), 동해안 일주(올해) 여행 가는데 네가 간다면 나도 어떻게든 동행하겠다고 하니까 열미가 말했어. "왜 옥희 아니면 너 혼자는 안 가겠다는 거야?" 그래, 나는 꼭 너와 여행을 떠나고 싶었어.

2010년부터 아프기 시작해서 올해까지 나도 점차 쇠약해져서, 펄펄 날 것 같은 기개도 날려버리고 젊음의 뒤안길에서 모든 것을 내려놓게 되었지. 그러니까 마지막이 될 수도 있는 여행을-이젠 모든 것에 마지막이라는 수식어를 붙이지만-너와 함께 하고 싶었던 거야. 네 친구들 틈에 내가 끼어들어서. 옥희야, 네가 있어서 이런 마음도 가져 보고, 좋네… 물론 작년, 그 서해안 여행에 내가 합류했었지만, 너의 부재가 너무 크게 느껴졌었어.

나는 네게 감사해.

네가 있어서 나의 오월이 오월다웠고, 나의 지난 세월이 아름다웠다고 말하니까 내 가슴 한 귀퉁이가 아련해지기도 하고 따뜻하기도 하니까 고마워.

옷깃을 스쳐도 인연이라는데, 너와의 인연은 공기처럼, 내가 숨 쉬는 곳에 항상 있어. 그래서 책이 나오면 먼저 네게 보내고 싶고, 무슨 일이 있으면 네게 이야기하고 싶고…

너는 잘 있는지 항상 궁금하고, 애들은 잘 있는지, 네 남편도 잘 계시는지 늘 궁금하고, 명절이 되면 네가 힘들겠구나, 네가 큰 집안의 맏며느리 노릇 잘해야 할 텐데 생각하고, 몸이 안 좋은데 잘 치러 내는지 걱정스럽고…

최근에야 겨우 시간의 손아귀에 잡혔던 우리의 우정도, 사랑도 날려 보낸다. 우리가 살았던 시대, 우리의 몫이었던 시대, 우리가 감당해야 했던 시대, 우리의 부재라면 이뤄질 수 없었던 질풍노도의 시대를 지나 보내고, 우리는 다만 하나님 앞에 나아가, 무릎 꿇고, 우리 삶을 계산해야 하지 않을까?

　오늘은 네게 감사하다고 진심으로 말하며 편지를 맺는다. 아직도 남아있는 삶을 더욱 잘 가꾸기 원하며. 인생을 관통한 우리들의 지난날들을 되돌아다 보면 반짝였던 5월 같은 시절과 어쩌다가 주어졌던 장미의 계절 그리고 두렵고 떨린 시절이 고루고루 있었지. 나의 오월인 네게 감사하며 안녕, 친구야 만날 때까지, 그때까지 잘 있어! 너를 생각하며 우리의 삶으로 풀어낸 시 한 편을 보낸다.

　　　너와 난 파닥이는 은빛 비늘 속에 뜬
　　　철교 위에 있었다
　　　곤두박질치는 햇볕마다 튀어오르는 은빛고기
　　　반짝이는 수만의 비늘조각
　　　남녘으로 가는 첫머리의 여행

　　　우리는 저녁 햇살에 들뜬 철교 위에서
　　　무수한 장미가 붉게 걸리는 걸 보았다
　　　핏빛의 강물

너의 타는 얼굴

막바지 여행에 자리 잡은 철교 위에 섰다

미친 바람 불고

잴 수 없는 두려움의 진흙 풀어

수만 리 하루아침에 달려온 흙탕물

곱지 않은 물살

어느 것 하나인들

어디든 떠날 때

한강철교는 그대로 두고 간다

- '한강철교'

새엄마의 방

1.

　새엄마의 방, 검은 고양이가 웅크린 문갑이 놓여 있었다 어린 내가 만지려 하자 화등잔으로 커진 눈 시퍼런 불의 기둥을 태우며 뻣뻣하게 털을 곤두세웠다 저 서랍에 무엇이 들었을까 형언할 수 없는 불빛이 방안에 가득했다 엄마가 차렸던 밥상에서 고양이 냄새가 났다 그 해 치매에 걸린 할머니의 속옷 마당가 둥둥 떠다녔고 무엇이든 피하고 싶었던 우리는 언제든 발꿈치 들고 다녔다

2.

　생채기 가시지 않았던 몇 년이 흘렀을까 엄마 학교 다녀왔어요 내 목소리가 너무 컸던지 덜컥 문을 연 엄마의 방, 횡댕그레 비었다 문갑이 사라졌다 심하게 다투던 전날 밤 무슨 일이 있었을까 아버지가 도끼로 고양이 내

리치셨는지 아니면 이골이 난 고양이가 도망쳤는지 어쨌는지 모른다 그 동안 술이 아버질 먹는지 아버지가 술을 마시는지 우리는 내기했다

3.

돌끼리 어깨 비벼 피라미 불러내는 강물의 새벽 엄마의 빈방, 은빛이 일렁였다 엄마는 새로이 알을 낳았다 물새 병아리 거북이가 깨어났다

- '새엄마의 방'

언니 10월이 오면, 대전 언니와 셋이서 시골 엄마를 찾아뵙던 일이 생각나지 않아? 우리가 아직 어렸을 때, 막내인 내 나이 아마 너덧 살일까? 시집온 새엄마를 떠올려볼까? 오랜 세월이 지난 지금껏, 죽음에 맞닿아 있었던, 돌아가신 엄마를 나는 '떠올릴 수 없어'. 그러나 새엄마는 젊고 자그마하고 예쁘게 생기셨어. 우리 집에 오셔서 많이 고생했지만 돌아가실 때까지 그리고 생각해보면 끝까지 잘 지내셨으니까 우리 마음이 이나마 잔잔해지고 있어. 아버지를 먼저 떠나보내신 새엄마께서 시골 아버지 고향마을에 내려가셔서 무덤이 바라보이는 곳에 사셨을 때, 우리가 간다는 소식을 듣는 순간부터 당신 딸들을 만나시려고 꼭두새벽부터 대문 밖에 나와 기다리신 것을, 생각하면 가슴이 아련하게 아플 수밖에 없었어. 엄마 생신인 10월에 내려가서 뵙는 나와는 달리 언니는 시댁이 또 그곳이어서 자주 엄마를 보살펴드렸기 때문에 엄마와 친했

었지.

엄마가 돌아가신 때도 낙엽이 뚝뚝 떨어져 내린 그 가을날이었어. 여든일곱에 가시는 그 길이 아름다웠다고 느꼈지. 가지신 것 없이 욕심부리지 않고 작게 사시다가 모든 것을 두고 가볍게 떠나셨던 것을 보면서. 언니는 홀로 대구에 남아서 아버지와 어머니 두 분을 지성껏 보살펴드린 것을 많이 감사해. 무엇보다 언니에게 감사한 것은 내 삶에 언니가 있어서 조금이나마 나의 뾰족한 모서리가 쉴 수 있는, 기댈 수 있는, 무어라고 말할까? 편안해지는 마음을 주는 것이야. 언니가 있어서 얼마나 다행인지. 이상향을 늘 꿈꾸는 언니는 현실을 내동댕이치지 않고 자기에게 닥친 일을 마침하게 꾸려가니까 참 좋아. 뭐랄까 언니의 이상향을 내비치지 않으면서 현실에 충실한 모습을. 나중에야 알았지. 겨우… 언니는 나보다 더 로맨티스트인 것을. 가장 좋은 점은 어려운 여건 가운데 자녀들을 잘 장성케 해서 자기 길을 무리 없이 가도록 인도한 것이잖아. 언니는 그렇게 생각지 않니?

몇 년 전, 우리가 방천에서 산책하며 언니가 내게 들려준 비밀이야기를 알고 비로소 언니의 비애를, 언니의 고단함을 그리고 언니가 왜 그렇게 행동했었던가를 이해할 수 있었어. 그렇지마는 언니는 잘 살았어. 그 열매가 자녀들이고 언니 자신이며 내게 대한 무한한 애정이야. 고마워 언니. 내가 아플 때마다 언니가 많이 마음 쏟아주어서. 초등학교 5학년 때 많이 아파서 입원한 나를 간호할 때부터 60

년간 수두룩한 언니의 마음 씀씀이에 고마워. 언니가 입원했을 때, 내가 내려가지 못해서 난 초라해지며 부끄러워지는걸.

언니, 글 한 줄 쓰면 나는 언니에게 보내고, 언니 논평을 들을 수 있어서 좋고 언니와 대화하면 나를 높이 평가해주는 언니가 있어서 감사해. 젊었을 때 우리는 얼굴이 각기 달랐다고 생각했으나, 나이가 들수록 비슷해지면서, 나는 내 모습 속에서 언니를 볼 때가 가끔 있다가, 계속 늘어나면서 언니인지 나인지 헷갈릴 정도로 우린 영락없는 자매야. 언니는 내 숨결처럼 바로 옆에서 느끼고 내 마음처럼 투명하고 내 색깔처럼 잘 어울리는 그런 존재인 것을. 그런 언니가 있어서 좋다고 말하고 싶어서 오늘 편지하는 거야. 인생을 채질하면 남는 게 있을 텐데 무얼까? … 사랑이잖니? 언니, 사랑해. 마이마이 사랑해.

몇 갈래 길에서 이미마을로

　　　　사랑하는 은희야, 내가 이렇게 말하면 어떻게 사랑한다는 말을 그렇게 쉽게 할 수 있느냐고 반문할지 모른다. 사실 인간의 내면은 악해서 사랑을 모르고 또 세상의 부모 사랑을 넉넉히 받지 못했다면 더더욱 그렇다. 우리는 사랑을 모른다. 그러나 하나님의 사랑이 부어지면, 이런 부족한 인간의 사랑조차 흘러넘치게 되는 것이다.

　사랑하는 은희, 이렇게 부르니까 너는 아주 사랑스런 소녀가 되어 우리 앞에 있네. 너를 처음 만난 어린 시절, 너희들 예쁜 아이들 둘이 아버지의 손에 이끌려 할아버지 할머니에게 세배하러 왔었지. 그때 알았다. 너희 엄마가 너희를 아버지의 손에 맡기고 떠나버렸다고. 나도 어린 시절 일찍 돌아가신 엄마 때문에 너희 보며 마음이 짠했지만, 내 염려와는 별개로 너희들은 잘 자라주었다. 대학 시절, 할

아버지가 관여하시던 평양장학회의 수혜자들이란 것은 알았지만, 그때는 몰랐다. 지금처럼 너희들이 반듯하게 자라서 세상에서 이토록 아름답게 살아가는 것이 얼마나 자랑스러우리라는 것을! 지금은 미국지사에서 근무한다면서 국제전화로 내 안부를 묻는 은희야, 숙모가 해준 게 하나도 없는데 너는 숙모의 건강을 염려해주고 걱정스러워하는 것이 안쓰럽기까지 하구나.

감사해. 그래서 너에 대해 많이 생각하고 있는지도 모른다. 자라나면서 너는 무엇을 많이 생각했을까? 그리고 지금은? 자기 자신에 대해 웃으며 다독이는 것이 무엇인지, 네가 관심을 가지고 사는 모든 것들이 궁금하다. 네 아들은 어떤 아들이니? 너는 어떻게 변했을까? 사실 사람의 얼굴은 30세까지는 타고났다고 해야 하겠지만, 그 후 자기가 자신의 얼굴을 책임져야 한다는 것은 다 알고 있다. 그러니까 어떤 어린 시절을 보냈든지 간에, 마음속에 웅크리고 보채는 내면의 어린이를 다루는 것조차 자신의 몫인 것이다. 어머니의 사랑에 목말라하는 우리 마음속의 아이들이 있고 이 문제를 풀어나가는 숙제 또한 각자 자신의 몫인 것이다. 나는 이 문제를 나름대로 풀었다고 생각한다. 인간으로서 건네준 남편의 사랑이 이 목마름에서 잠시 해갈되게 했다면, 그의 타계로 그의 사랑이 끊어졌고 하나님 앞에서 못 살겠다고 울고불고했을 때, 하나님의 사랑이 내게 부어지고 서야 깨달았다. 인간의 사랑이 얼마나 별것 아닌가를. 하나님의 사랑이 부어지니까 나는 만족해서 더이상 사람의 사랑을 구하지 않게 되었거든! 사람의 조건적인 사랑이 얼마나 하찮게 느껴졌던지! 더이상 인간의 사랑에 목말라하지 않게 되었지. 그래서 너를 향한 사랑의 노래를 부를 수 있고, 네게 이런 작은 사랑을 조금이나마 진작 줄 수 없었을까 하며 안타까울 따름이야.

은희야 사랑한다. 이제 이 말을 진심으로 한다는 것을 알겠니? 너희들은 잘 자라주었다! 이 사실 한 가지로도 기쁨으로 자신을 채울 수 있지 않을까? 몇 년 전일까? 은주와 함께 우리는 시카고를 다녀왔어. 그 당시 네가 그곳에 살았을까? 모르지만, 네가 시카고에 산다고 했을 때 도시의 전경이 떠올랐어. 『몇 갈래 길에서 이미마을로』 시카고에서(24쪽)는 그때 내 느낌이야. 은희야 언제 시카고에 가던지, 서울에 오든지 하루만이라도 함께 보내고 싶구나. 너에 대해 더 알고 싶어서, 사랑한다고 말하고 싶어서 그리고 우리의 인생에서 만난 인연이 너무 좋다고 말하고 싶어서… 그래, 그렇게 말하고 싶네. 우리가 마지막으로 만난 건 18년 전쯤 되지 않았니? 그때도 남편과의 사별로 힘들어하던 나를 찾아왔었지? 고맙고 감사했어.

오늘 보내는 시집 『몇 갈래…』에서 102쪽 임진강에서는 네 세배를 받으시던 할머니의 떠나심을 아쉬워하는 마음으로 썼고 108쪽은 큰 숙모 고희를 맞아 쓰게 되었다. 올해 발표한 광화문시인회의 시집 116쪽에는 네가 세배했던 할아버지가 그려져 있어서 네게 보낸다.

감사편지와 함께 시편들을 보내느라 시간이 걸렸지.

이 편지를 받는 너는 어떤 모습일까? 활짝 웃으면 좋겠어. 그럼 다시 연락하자. 고마워. 안녕…

건조주의보 탓으로 겨우내 거칠어진 흙바람
한 발짝 나설 때마다 손톱 밑까지 달라붙었다
점점 검은 색 띄어가는 빈 가지
물길은 닫히고
둥지는 먼지 속에서 떨고 있을 뿐
그 해 3월 밤사이 폭설이 휩쓸고 지나며
정원 가득 이미마을 게워냈다
무게에 지친 가지들 흰 마루에 걸터앉아
네모투성이 금을 지워내며
그물망 찢고 있었다
우리의 촘촘한 안테나에 걸려있던 각질더미
떨어져나와 눈 속에 덮인다
쏟아지는 눈더미 가운데
제각기 걸어온 발자국 지우는
그 끝에 무엇이 도사리고 있는지 모르는
둘이서 다다라야 하는 길 따라
팔짱 낄 때 옆구리에 찔리는 창끝
쏟아지는 피

말씀의 살에 와 닿는다

– '몇 갈래 길에서 이미마을로'

감사합니다, 숙모님.

보내주신 숙모님의 사랑을 온몸으로 혼자서 한껏 느꼈습니다.

오랜만의 저희들의 모습을 다시 떠올릴 수 있는 좋은 시간도 가졌습니다. 아주 오랜만에 눈물을 흘리며 숙모님 마음의 편지를 읽었습니다.

그리고 다시 '감사'의 마음을 가질 수밖에 없었습니다.

제가 경험하고, 느끼고, 살아오고, 여기 시카고에서 숨을 쉬고, 50이 넘은 나이에 숙모님으로부터 사랑이 가득 담긴 "마음의 편지"와 직접 쓰신 시집 선물에 감사드립니다.

얼마 전에 은영이에게 어렸을 때 어려운 시절이 생각나는지, 그로 인해 고통스러운지를 물어보는 제가 이상할 정도로 저와 동생은 어려운 시절의 많은 부분을 아빠의 사랑으로 덮고 고통으로부터 해방되어 지낼 수 있었던 것을 서로 웃으면서 이야기한 적이 있었습니다.

지금 생각해보면 어려웠을 것이고, 그로 인해서 지금까지도 마음의 응어리를 가슴 한 켜에 담고 있을 만도 한데 대신 평화로운 마음이 자리하고 있음에 감사드립니다. 혼자 컸다고 생각한 적도 있었는데 나이가 먹으면서, 그리고 달력을 한 장 한 장 넘기면서 아빠가 저희에게 보여주시고 남겨주신 삶에 대한 진지함, 그리고 이웃과의 나늚, 삶에 대한 마음의 여유 모든 것에 감사를 드립니다. 그리고 제 아들에게 비춰질 저의 모습과 그 아이에게 자리할 저를 생각하며 순간순간을 눈길에 곧은 발자취를 남기고자 귀하고 소중한 시간들을 보내려고 신발끈을 메어봅니다.

저희가 곱게 자랄 수 있던 것은 결코 우연이 아닙니다. 1월 1일이면 인자하신 할머니, 할아버지, 삼촌들, 숙모님들, 정성으로 가득 차려진 설날 상차림이 지금까지도 제 마음속에 자리하고 있습니다. 시카고에 와서도 동교동의 1월 1일을 흉내 내어 많은 이웃들을 초대하여 설음식을 나누어 먹고, 아이들에게는 세배도 받습니다. 물론 제가 받았던 것처럼 새돈으로 세뱃돈을 준비해서 나누어 주기도 합니다. 설음식을 혼자 밤을 새며 준비할 때, 몸은 힘들지만 떡국을 나누어 먹으며 퍼져가는 사랑에 모두 치유가 됩니다. 저희를 지켜봐 주시고 특히 사랑을 하나 가득 주신 숙모님께도 감사의 마음을 전합니다.

혹시 음성으로 저희 마음의 전달이 미숙할까 염려스러워 숙모님의 선물을 받고 전화드리고 싶은 마음을 달래며, 참고 참았다가 회사일을 마치고 편지를 씁니다. 그리고 전화 드릴거에요. 그래도 오늘 제 마음을 전해드리고 싶어서요. 사랑하는 마음, 감사하는 마음을 오래 묻히고 싶지 않아서요.

숙모님 건강하세요. 아직도 숙모님의 사랑이 필요합니다.

시카고에서 4월 9일 저녁 9시 48분

별과 같이 빛나며

　　　　형님~ 형님이라고 부르기만 해도 만감이
교차합니다. 그렇습니다. 형님 때문에 이만큼 살고 있다고 해도 틀
린 말이 아닙니다. 내 일생의 일부가 되셔서 형님 이야기하지 않고
는 내 삶을 말할 수조차 없습니다.

　처음 형님을 뵈었을 때가 기억납니다. 동교동에 사시는 형님댁을
방문했을 때, 형님은 카레라이스를 대접해주셨습니다. 그것도 시동
생이 넷인 다섯 아들의 맏며느리로서 넷째인 그를 따라갔을 때, 따
뜻하게 대해 주셨습니다. 흔한 시동생들인데 말입니다. 지금 생각하
면 그렇게 시작된 형님과의 관계는 여러 갈래의 굴곡이 있었습니다.

　제일 먼저 감사했던 일은 첫 김장 때였습니다. 생애 처음 담그는
김장이 익숙지 않은 제게 형님이 오셔서 가르쳐주시고 함께 담가주
셨습니다. 그때 우리는 불광동에서 세 들어 살 때였습니다. 아무것

도 가진 것 없는 살림을 시작했었던 아주 가난했던 그 시절, 그 누추한 곳에 오셔서 같이 김장을 담갔다는 것을 잊지 못하겠습니다. 그의 친구 곽변호사는 그렇게 사는 우리를 보고 숟가락 하나 가지고도 시작할 수 있다는 용기가 생겨 결혼했다는 미담도 있습니다.

그리고 차츰 어머님과 형님과 평창동 형님과 나 사이에 바람이 불기 시작했습니다. 그때도 어머님이 간섭하셨던 김장철 이야기입니다. 형님께서 우리에게 집을 지어주셔서 우리는 형님댁과 가까운 이웃이 되었습니다. 제가 해외개발공사에 다니던 무렵, 김장철이 다가오자 형님은 배추를 사들이고 제가 좋아한다고 작은 배추들을 모아 우리 집에 보내셨습니다. 물론 비용 일체를 형님이 지불하셨다는 것을 모르셨던 어머니께서는 우리 집 배추가 모두 작은 것을 보고 불평하셨던 것 같습니다. 이 일이 돌아돌아 형님 귀에까지 들렸고 형님의 안색이 바뀌었지요. 그때는 참 불편한 관계가 되었습니다. 형님댁에서 일하는 애의 눈치까지 보며 형님댁을 드나들었습니다.

그러던 어느 날, 성경을 읽다가 주님의 은혜로 제가 무너졌습니다.

그러므로 천국은 그 종들과 결산하려 하던 어떤 임금과 같으니 결산할 때에 만 달란트 빚진 자 하나를 데려오매 갚을 것이 없는지라 주인이 명하여 그 몸과 아내와 자식들과 모든 소유를 다 팔아 갚게 하라 하니 그 종이 엎드려 절하며 이르되 내게 참으소서 다 갚으리이다 하거늘 그 종의 주인이 불쌍히 여겨 놓아 보내며 그 빚을 탕감하여 주었더니 그 종이 나가서 자기에게 백 데나리온 빚진 동료 한 사람을 만나 붙들어 목을 잡고 이르되 빚을 갚아라 하매 그 동료가 엎드려 간구하여 이르되 나에게 참아주소서 갚으리이다 하되 허락하지 아니하고 이에 가서 빚을 갚도록 옥에 가두거늘 그 동료들이 그것을 몹시 딱하게 여겨 주인에게 가서 그 일을 다 알리니 이에 주인이 그를 불러다가 말하되 악한 종아 네가 빌기에 내가 네 빚을 전부 탕감하여 주었거늘 내가 너를 불쌍히 여김과 같이 너도 네 동료를 불쌍히 여김이 마땅하지 아니하냐 하고 주인이 노하여 그 빚을 다 갚도록 그를 옥졸들에게 넘기니라 너희가 각각 마음으로부터 형제를 용서하지 아니하면 나의 하늘 아버지께서도 너희에게 이와 같이 하시리라(마18:23-35)

이 말씀을 읽었을 때, 주님께서 일만 달란트라는 어마어마한 빚을 탕감시켜주셨지만 나는 몇 데나리온 빚까지 받으려 하는 동관이라는 마음을 강하게 주셨습니다. 그럼 나는 누구에게 잘못했다고 용서를 빌 것인가? 그때 불편한 관계였던 형님이 떠올랐습니다. 그래서 이유도 모른 채 저는 형님 앞에 무릎 꿇고(?) 잘못했다고 사과했습니다. 그러니까 죽을 것 같아서 성경을 덮어버렸습니다. 힘든 일이었지만 주님께서 시키신 일이 아니었나 싶습니다. 혹시 그때를 기억하세요? 이후 관계가 더 나빠지지 않았습니다. 우리 또한 강남으로 이사를 갔기 때문에 더 이상 형님 이웃도 아니었습니다.

부모님께서 미국 셋째 댁에 2년 가까이 계시다가 귀국하셨을 때, 넷째인 우리가 이제 모실 차례라고 말씀드리고 같이 살게 되었지요.

잠시 우리가 부모님과 함께 살 때, 형님 내외분은 자주 오셨고 우리는 하는 일 없이 칭찬을 듣는 것 같았습니다. 그 인연으로 아버님, 어머님을 많이 알게 되었고 조금이나마 며느리 노릇 하게 되었습니다. 참, 큰형님 이웃으로 살 때의 이야기 가운데 빼먹을 수 없는 일이 있습니다. 언제인지 기억이 나지 않지만, 형님께서 제 바지와 윗도리를 사주신 일이 있습니다. 공무원으로 우리는 어렵게 살고 있고 옷 하나 사 입지 못하는 저를 보시고 그러셨으리라 기억합니다.

맏며느리는 하늘이 낸다는 말이 있듯, 형님은 모든 일에 모든 것이 철저하셔서 하나도 흐트러짐이 없었습니다. 부모님 두 분 생신잔치, 명절 손님맞이, 큰아버지 생신과 직원들 하례 그리고 하다못해 동서들 일까지 챙기셨습니다. 그때, 우리가 부엌에서 땀 흘리며 일하던 모습을 지울 수 없습니다. 나중에야 형님의 짐이 우리 모두 합한 것보다 무거웠다는 것을 알았습니다. 너무 맛있게 푸짐하게 또 멋지게 차렸던 식탁은 형님 때문이었습니다. 동서들이 부엌에 한가득 있으면 '소라도 잡겠다.'라고 사람들은 말했지요? 하지만 처음부터 그랬던 건 아니었음은 형님 레퍼토리에 잘 나와 있지 않아요? 수돗물조차 한밤중에 받아야 겨우 살았던 후암동 셋집 시절, 아버님의 연탄난로 고깔모자, 넷째 삼촌 친구들의 급습, 홀로 벌렸던 형님의 고군분투 등등 그렇게 고생하였지만 살림을 완벽히 하며 자녀들을 잘 키우셨던 형님은 또 얼마나 잘 생기셨는지, 인물이 뛰어나셨습니다. 그뿐 아니라 노래 실력을 숨길 수 없었습니다. 교회에서 자주 독

창하셨지요. 심지어 운동에도 소질이 있어서, 늦게 시작한 골프지만 두각을 나타내셨습니다. 형님을 팔방미인이라 부른들 조금도 어색하지 않습니다. 그리고 이성적이고 합리적이어서 우리를 압도했지요. 억지를 부리는 일은 결코, 하지 않으셨습니다. 가장 큰 장점은 자녀들을 잘 키울 뿐 아니라 사치를 하지 않으심으로 모범을 보이셨습니다. 귀걸이 목걸이 같은 보석, 귀금속을 멀리 하시고-그런 것 안 해도 형님은 빛났으니까-단정한 차림으로 한 집안을 건실하게 이끄셨고, 그 리더십으로 타의 모범이 되셨습니다.

우리가 주미농무관으로 발령 났을 때, 형님은 우리 부부에게 한복 일습을 맞춰주셨습니다. 그에게는 두루마기까지 잘 갖춰주었습니다. 지금껏 잘 간직하고 있습니다. 너무 감사합니다. 한 번도 공무원인 우리에게 집안 행사 때든 어떤 일로든 돈 이야기하신 적이 없었습니다. 나라를 위해 온전히 헌신하기를 바라셨던 것처럼 그는 열심히 나라를 섬기다가 1995년 52세의 젊은 나이로 소천했습니다. 이 이야기를 MB정권 청와대 비서실장으로 계셨던 정정길교수께서 2014년 4월 월간조선 별책부록[내 인생의 잊을 수 없는 ○○]에서 기술하셨네요. 형님 감사합니다. 그가 소천하자 초상 치르는 일을 힘없는 내게 맡겨두지 않고, 온 가족의 힘을 합하여 치러주셨습니다. 그리고 매년 드리는 추모제도 아낌없이 성원하시고 저와 은주에게 힘이 되어주고 기도하며 도와주셨습니다. 19년이 지나고 거의 20년 동안 한결 같았습니다.

"이제 사모님도 각오하십시오. 남편이 죽으면 식구들 대우가 달라져요." 부모님을 돌보던 간병인이 내게 말했습니다. 그가 타계하고 얼마 되지 않았던 시점이었습니다. 그분도 남편을 잃은 후 생계를 위해 간병인 생활을 한다면서 들려준 말이었습니다. 한 달 후 어머님 돌아가시고 (슬픔이 겹겹이 밀려온 그해를 잊을 수 없습니다) 아버님을 계속 돌보던 어느 날, 그분이 감탄하며 다시 말했습니다.

"예수를 믿는 집이 무언가 달라도 다르네요. 사모님을 대하는 태도가 이전과 조금도 변함없네요." 그 중심에 형님이 계셨습니다. 그리고 두 분 아주버님과 형제들도 함께…

형님이 교회를 섬기는 모습도 그랬습니다. 모두 함께 다녔던 후암교회에서 나오게 되었지만 그곳에 "이사모"라는 모임이 있잖아요. 이정호 권사를 사모하는 모임이라니까 참 놀랍죠? 형님을 가만히 쳐다보며 형님이 이야기하시는 걸 들으면 금방 웃는 분위기가 형성되고 모두들 참 좋아지거든요. 유머감각도 남다르시고 좌중을 압도하는 말솜씨까지 갖추셨으니 형님의 리더십이! 자연스럽다고 할까요? 형님 고희가 되셨을 때 은영이가 부탁해서 쓰게 된 시(詩)에요.

그 때는 올랐습니다
잠시 피해 머지않아 되돌아가리라던 해주가 멀어질 때도
어린 발자국 뒤로 완강한 철조망이 둘러쳐질 때도

연분홍 꽃잎으로 벙글던 봄이 군화에 짓이겨졌을

그 때는 몰랐습니다

내 몸을 불사르게 내어주었던 한 사람을 만났을 때도

그리움의 엮은 끈으로 이마 동이며 어미가 되었을 때도

허리 휘는 집에서 뼈마디 세우는 연필 깎으며 밤 지새울 때도

세월의 퇴적층에 포개진 풀잎 암각할 때도 몰랐습니다

깨끗한 바람에 등 떠밀려

어두움에서 또한 철조망에서 불러내었던 것은

기이한 빛 때문이었다는 것을

이제 어두워진 골목길 환하게 채우고

발밑에 버리고 가려는 못 자국 지우고

끝끝내 털어지지 않는 파도와 풍랑 속에서

어둠과 허기와 추위와 싸우며 찾아오는 나그네에게

빛을 나누어주는 등대지기로 부르셨습니다

그리하여 언젠가 본향에 돌아가는 날

온 몸에 감긴 빛 때문에

하늘의 별과 같이 오래오래 빛나도록

— '별과 같이 빛나며'

형님, 이 글을 읽으면 누구라도 형님을 좋아하지 않을 수 없겠지요?

이유가 뭔지 아세요? 제 생각에는 예수님 때문에. 형님 가운데 예수님이 계셔서 자석처럼 사람들을 형님께로 이끄는 것이 아닐까요? 같은 맥락에서 형님이 가장 돋보였고 제가 가장 감동 받았던 때를 아세요? 남편이 병마와 싸우실 때 형님께서 모든 것을 내려놓고 오로지 남편을 간병하셨던 시기였습니다. 오래 헌신하셨던 와이더블유씨에이(YWCA)의 이사직조차 잠시 손을 떼시고 오로지 큰아빠에게 올인하셨던 그 몇 년을 잊을 수가 없어요. 아무리 자기가 잘났다고 하는 사람도 가정에서 존경받기가 쉽지 않은데, 형님은 결코 그렇지 않으며, 남들과 달랐습니다. 언제나 사랑을 나눌 줄 아셨습니다. 형님 만나서 함께 김씨 집안 사람으로 이렇게 긴 세월 동안 살고 있어서 너무너무 감사합니다.

_____ **p.s.** 잊지 못하는 장면이 또 있습니다. 제가 서울대학병원에 입원해있을 때, 문병 오신 형님께서 "오직 주의 사랑에 매여 내 영 기뻐 노래합니다."라는 찬양을 불러주신 장면입니다. 수술 후 힘들었지만, 제가 울었던 것을 기억하세요? 어려울 때마다 힘이 되어주셨습니다. 존경하고 사랑합니다.

사랑 시

　　　　　작은엄마, 언제나 나는 작은엄마에게 연락할 때마다 가볍게 숨을 한번 내쉬곤 했어.

　'돌아오는 화요일, 시간 있어? 큰엄마가 만나자고 하시네.'

　이제 혼자가 되신 큰동서와 만나는 시간을 정하자는 것인데, 우리는 이렇게 덩그러니 세 동서만 남았잖아. 그러면 작은엄마는 곧장 큰엄마에게 전화하고 날짜를 맞추고 내게 따로 소식을 주었고… 이처럼 동서에게 감사할 일을 생각해보니 너무 많아. 한여름에 내리쬐는 견디기조차 힘든 그 뙤약볕 아래에서 입추라는 단어마저 가장 반갑게 느껴지듯, 창으로 들어오는 한소끔 바람에도 감사하듯 동서와의 만남이 그런 것 아닌지 몰라. 나에게 유일한 아랫동서인 작은엄마 때문에 내가 숨쉬는 것이 쉬워진다면 과장한다고 할지 몰라. 그럼 어때! 둘째 동서와의 만남이 끊긴 후 큰엄마와 우리 셋이서 만나기 시작하니까 더욱 그래. 작은엄마가 시집오기 전, 미국 동서를 빼고 우리 세 동서가 많이 부딪치며 살았었지. 집안에 우환이 있었고 부모님 모시려니까 쉽지 않은 상태이기도 했지만, 큰엄마가 주도한 집안일에 감 놔라 배 놔라 할 처지가 아닌 나는 오히려 작은엄마를 따라 하면 됐거든. 큰동서는 늘 말하듯이 작은 엄마에게는 애정을, 가지고 있으니까. 큰동서에게 조금이나마 마음의 여유가 생겼을 때 막내동서를 보아서 그럴 수 있었다고 말했었지?

내가 많이 바뀌지 않았니? 작은엄마가 처음 시집와서 보았을 때보다 그렇다고 느끼지 않아? 그렇지 않다면 작은엄마가 천사이기 때문이야. 우리가 미국에서 돌아왔을 때, 한참 이름을 날리던 화가인 작은 아빠가 그림 한 점을 가져왔었지. 한숨이 보일 정도로 참담한 심정이 느껴질 것만 같은 농부를 표현한 그림이었어. '농업에 한숨짓는 그를' 집에서나마 평안하게 해주고 싶은 마음이 너무 컸던 나는 포장을 도려 싸서 계단참에 두었던 내 불찰을 지금껏 아쉬워하고 있어.

그 정도 수준인 나를 어떻게 큰엄마와 비교할 수 있었겠어? 박수근을 비롯해 유명 화백들의 그림을 소장하고 있던 큰집이지만 오히려 작은아빠의 그림을 거실 가운데 보란 듯, 시선이 가장 많이 가는 곳에 걸어두었던 것과 어찌 감히 비교할 수 있을까? 건축가의 멋진 거실에서 빛나는 김화백의 그림을 부모님도 자랑스러워하셨지? 속으로 역시 큰엄마라고 감탄했었어.

그럼에도 불구하고 정작 그가 소천하였을 때 작은집에서 먼저 내게 개소주를 보내주었어. 지금 돌이켜보면 그때 그것을 먹지 않았다면 몸무게가 쭉 내려가면서 무슨 병에든 걸렸을지 몰라. 그 몇 년 후 폐결핵에 걸렸으니까. 체중은 자꾸 줄고 모든 의욕은 상실되었고 그럭저럭 숨 쉬고 있었다고 해야 할까? 개소주가 있으니 저거라도 먹자하는 심정으로, 아까운 것 버리기 싫으니까 작은엄마가 준 것이니까 마셔야겠다는 심정으로 삼켰는데 참 적기에 가장 필요한 것을 보내주었다고 생각해. 그때 형을 그리워하는 동생의 온기를 느꼈다면? 아무튼, 감사해. 작은엄마는 자기 친정 식구들이 말한 것처럼 '천사'야. 내가 너무 늦게 안 것은 아니지? 우리는 자신이 너무 잘나서, 자신이 무엇이라도 된 것처럼 생각한다면, 옆에 있는 천사도 볼 수 없는 경우가 많은데 그럴 경우, 인생의 귀한 관계를 놓쳐버리게 되지 않을까?

'우리는 모두 서로에게 천사가 될 수 있다.'라고 말한 앤 타일러의 말을 인용하면 그렇다네.

작은엄마와 오늘은 로버트 블라이의 시를 같이 나누고 싶어. 함께 가족이 된 사람이니까, 서로 사랑하게 되고 모든 것을 나누는 사이가 되잖니? 사랑하게 되면 풀들과 헛간같이 허술한 것도, 가로등도, 밤새 인적 끊긴 길마저 사랑한다는 시이니까. 적절히 표현했어. 우리가 사랑하면 하찮은 것까지 달리 보이니까.

Love Poem

Robert Bly

When we are in love, we love the grass,

And the barns, and the lightpoles,

And the small main streets abandoned all night.

    덧붙여 감사할 일은 애들이 어렸을 때, 작은집에 은주를 데려가서 며칠씩 같이 보내게 해준 것! 우리가 미국에 거주했을 때, 은주가 원하는 것은 한가지였어. 혜림이 혜수가 미국에 다니러 오는 것이었어. 그렇게 얘기했어. 그렇다고 그 애가 애타게 편지하지 않았니? 사촌들끼리 놀게 하지 않았다면 그런 그리움은 없었을 거야. 혜림이가 언니라고 많이 챙겨줬던 것 같아 고마워. 특별히 은주아빠가 하루아침에 뇌출혈로 병원에 드나들 때, 계속해서 내가 너무 힘들고 바쁠 때, 은주를 데려가 주어서 내 맘이 놓여 헷갈리지 않게 해준 것에 어찌 감사하지 않을 수 있겠어! 정말로 감사해. 지나놓고 보면 가장 아름다운 순간들이지. 그런 애들이 아기 엄마가 되고 자기 가정을 꾸려나가는 것을 보면 세월의 무게를 느끼지 않을 수 없어. 오늘 이 편지의 제목은 천사처럼 정겨운 작은엄마, 다시 말하자면 '작은엄마가 있어서 좋아'거든. 나의 무한한 감사를 보내며 함께 김씨 집안사람으로 살아가는 동서에게 편지를 쓴다네.

물의 지느러미

이 광활한 대지 위에서 더구나 수십억의 사람 가운데 딸이라고 부르는 단 한 사람, 네게 그리고 엄마라고 불리는 내가 편지를 쓴다. 지난 세월을 돌이켜보면, 잘한 일 잘못한 일들이 날줄 씨줄로 직조되어 있어서 딱히 정의하긴 힘들지만 하나씩 풀어보고 싶다.

무엇보다 네게 감사한 일이 많다. 첫째, 엄마의 딸이 되어 주어서 감사하다. 네가 잘 보고 잘 듣고 잘 맛보고 잘 냄새 맡는 등 네 감각이 뛰어나다는 것을 안 것은 그리 오래되지 않았다. 네가 잘 보니까, 내 옷을 골라주는 네 안목도 늘 인정을 받는 것이 아니겠니? 네가 골라주는 옷을 입으면, 사람들이 젊어 보인다고 근사하다고 하는 통에 네가 없으면 옷도 사지 못하게 되었지만… 그런데 잘 보는 것의 단점은 잘 보니까 까다롭게 보는 경향이 있다. 대체로 노인들이 왜 지혜로운가? 노인들의 지혜는 어디서 오는가? 라는 물음의 답은 의외로 간단하다. 잘 보이지 않으니까 크게 보고 대충 감을 잡는 것 때문이란다. 다시 말하면 네 까다로움은 때로 네게 독이 될 수 있다는 말이다. 사실 우리가 알면서도 모른척할 수 있다면 한 단계 더 성숙해지는 길이겠지. 은주야 지난 수 년 동안 결혼에 이르지 못한 이유가 여럿 있겠지만, 상대방의 단점을 너무 빨리 보고 너무 빨리 포기해 버린 것도 한 가지 이유가 되지 않았을까? 너를 좋다고 한 청년들이 꽤 있었다고 생각하는데…

둘째, 그동안 엄마의 말을 잘 들어주어서 고맙다. 사실 너를 키울 때 귀하고 곱게만 키우면 되는 줄 알았다. 내가 그런 대접을 받고 싶었지만 그러지 못했거든. 그래서 모든 환경이 너를 귀하고 귀하게 유리잔처럼 곱게만 취급하기를 바랐다. 다행히 다리를 두 번 두들겨야 건네는 네 성품 때문에 곱게 자라 주었다. 아빠가 고위 공직에 있었기 때문에 우리 집을 찾고 싶어 하는 사람들이 많았다. 직원들도 우리 집에 올 때는 네 선물을 주로 사왔다. 그래서 너에게는 부담이 되었을 수 있겠다 싶다. 모든 사람이 너를 귀엽다 예쁘다고만 해주었으니까… 그래서 나는 오히려 네게 규칙을 강요한 면이 많았다. 네가 대학 다닐 때는 밤 10시 30분이 통금시간이었고 너는 대학 다니는 내내 잘 지켜주었다. 고마웠어. 지금 생각해도 미안한 것은 네가 어렸을 때, 내가 부엌에 있으면 같이 부엌에 들어와서 엄마를 도와 함께 저녁밥을 짓고 식탁을 차리고 싶어 했지만 나는 공부하라며 너를 내어 쫓았지… 이것만큼 후회하는 일은 없어. 그때까지 엄마가 잘 몰라서. 잘 모르는 엄마의 딸로서 쉽지 않았다는 것을 겨우 알 것 같아 미안해.

셋째, 내가 그동안 많이 아팠을 때 네 고통도 컸으리라 생각한다. 네가 엄마에게 끔찍이 해주었다는 것만 보아도 알잖니? 너는 사랑이 많은 사람이어서 다행이다. 그래서 너는 사랑받는 사람이기도 하지. 주위에 친구들이 많다는 것을 보면 안단다. 그래, 너는 어떤 사람도 별로 나쁘게 말하지 않아. 네 친구 가운데 하나씩 둘씩 결혼하고 네 곁을 떠나도 다른 친구들이 늘 네 옆에 있어서 너는 처녀시절을 만끽하고 있는 것처럼 보인단다. 그렇지 않다고 하더라도.

은주야, 그러나 네게 당부하고 싶은 말이 있다.

무엇보다 믿음을 가졌으면 좋겠어. 믿음을 가져야 이 험한 세상을 살 수 있다. 나는 왜 죽고 싶은 일이 없었겠어? 어떤 위기가 와도 예수 그리스도를 믿음으로 살 수 있게 되었다. 너와 둘이서 겪은 첫 번째 위기는 아빠의 갑작스러운 소천이었다. 나는 살고 싶지 않았고 살 수 없었지만, 주님께서 살게 해 주셨다. 네가 있으니까 많이 도움이 되었지만. 믿음으로 사는 것은 내 삶의 모든 영역에서 내 고정관념과 내 두려움과 내 생각을 벗어나 주님의 관점으로 보는 것이다. 주님께서는 주님의 선하심과 기뻐하심과 온전하신 뜻에 따라 새롭고 사는 길로 인도하신단다. 네가 주일이면 교회에 빠지지 않고 출석해주어서 고맙고, 하나님께서도 네게 성령의 기름 부어주시기를 기도한다. 네 믿음이 너를 구원할 것이다.

둘째, 우선순위가 중요해서 네가 무엇을 할 것인가를 먼저 알아야 한다. 우선순위를 잘 모르고 자기 가치에 빠져 있으면, 주님께 물어보아야 겨우 알 수 있을 때가 많단다. 은주야 우리를, 혼돈케 하는 일들이 얼마나 많니? 그때 기도하면 그나마 조금 눈이 달라질 수 있다. 예수님을 깊이 만나면 내가 보기에 좋은 것이 아니라 하나님이 보시기에 좋은 것이 다르다는 것을 안단다. 그래서 험하지만 좁은 길을 갈 수 있어. 죽으면 죽으리라는 에스더의 결단이 우리에게도 가능하게 되거든. 죽음을 각오한 에스더는 죽지 않았을 뿐 아니라 민족을 구해냈어. 야곱은 베냐민을 내어놓으면서 잃으면 잃으리라는 결심을 했지만 잃기는커녕 요셉까지 만나는 축복을 받았지. 무엇이 중요한 것인가라는 우선순위는 중요한 것을 먼저 해야 하는 당위를 가져온단다. 보기에 죽을 것 같은 우선순위로 선다면, 끝내 사는 길인 것을 발견하는 것은 얼마나 즐거운 일인지 모른다. 어렵고 죽는 길이라 하더라도 막상 가보면 다르다는 것을 안단다. 그래서 내 생각에 좋은 길이더라도 주님은 이런 경우 어떻게 하셨을까? 엄마라면? 하고 묻는다면 다른 답이 나올 수 있으니까.

셋째, 항상 긍정적으로 생각하고 감사하며 기도하는 삶을 살았으면 좋겠어. 그러나 이게 말처럼 쉽지 않아. 은주는 긍정적으로 생각하고 말하는가? 엄마는 죽는 일조차 긍정적으로 생각하고 말하기로 했어. 내가 죽음에 다다랐을 때, 목숨을 인위적으로 연명하는 일을 하지 않았으면 해. 빨리 예수님을 만나고 싶은데 길이 막히면 어떻게 하니? 사전의료의향서를 작성하려고 하는 이유가 여기에 있어.

이 글을 쓰면서 네가 우리에게 준 기쁨을 어떻게 말로 표현하겠니? 너는 기쁨이었고 사랑받으며 자라난 사람이었어. 생각나니? 별이 반짝이는 밤에는 별 하나 나 하나를 함께 되뇌였고 보름달을 보며 밤길을 걸었던 기억, 엄마 치맛자락을 놓지 않으려고 항상 엄마 곁에 맴돌았던 너는 멀리서 엄마를 보며 달려오던 어린 시절이 기억나니? 아빠가 주미농무관으로 먼저 미국 가셨을 때, 너와 둘이서 그먼 길을 찾아갔었던 기억이 나니? 너의 단짝 친구 니나도, 미국의 초등학교도 기억이 가물가물하니? 네가 대학생일 때 우리가 큰집 별장 플로리다에서 출발해서 뉴욕공항에 한밤중에 내려 엄마 친구의 차를 타려고 공항터미널을 옮겨 다녔던 기억이 나니? 깜깜한 밤, 흑인들이 간간이 보이는 넓디넓은 남의 나라 공항에서 터미널을 옮기던 때를? 나는 많이 무서웠어. 그렇지만 그 가족을 잘 만나서 필라델피아로 갔던 일, 유펜대학에 상담 갔던 일 등등…

내가 죽기 전에 하고 싶은 버킷리스트를 만든다면 무엇보다 너와 추억을 더 쌓아야겠지. 어쩌면 여행가는 일도 생각하고 있어. 그러나 정말 제일 하고 싶은 것이 있어. 네가 아기를 낳고, 내가 아기에게 마음껏 축복기도를 해주는 것! 내가 죽기 전에 네 자녀들을 본다면, 무조건 내 축복을 듬뿍 주고 사랑해 주는 것이야. 그래서 축복이 대대로 흘러가는 것이다. 얼마나 근사하니? 그러니까 네가 아직 아가였을 때, 할머니가 새벽기도 다녀오셔서 너를 안고 찬송가를 부르시고 네게 축복기도 해주셨다고 믿는다. 너는 그래서 찬송가를 달달 외웠지. 천재인 줄 알았으니까! 나도 할머니처럼 하고 싶지 않겠니?

은주야, 이 편지를 마무리하면서 모든 것에는 시기가 있고 하늘 아래 모든 일에는 목적에 따라 때가 있다는 성경말씀을 나누고 싶구나. 전도서 3장에 나온다. 태어날 때가 있고 죽을 때가 있으며, 심을 때가 있고 심은 것을 뽑을 때가 있으며, 울 때가 있고 웃을 때가 있으며, 슬퍼할 때가 있고 춤출 때가 있으며, 돌을 던져버릴 때가 있고 돌을 거둘 때가 있으며… 찾을 때가 있고 잃을 때가 있으며, 지킬 때가 있고 버릴 때가 있으며… 때를 놓친다면 인생을 지혜롭게 산다고 말할 수 없다. 지금 네 나이에 중학교를 다닌다고 상상할 수 있겠니? 마찬가지로 결혼할 때가 있고 그것을 놓치면 나중에 후회하지 않겠어? 너무 늦으면 쓸모가 반감하게 되지. 인생을 산다는 것은 자기 마음 내키는 대로 끌어가는 것보다, 관계를 통해 주위 사람들이 행복해지고 기쁠 수 있다면 더 잘 사는 거라고 생각해. 그러므로 끝까지 엄마와 함께 살아있는 네가 특히 행복하기를 바라는 것은 당연한 이치가 아니겠니? 너 때문에 힘든 사람이 살아난다면, 너 때문에 마음이 따뜻해진다면, 너 때문에 세상이 좀 더 살만하다고 말한다면 얼마나 좋겠니?

은주야, 내 마음에 언제나 네가 가득 차 있으니까 나의 모든 관심을 네게 쏟았지. 그러나 너를 더 잘 이끌어주지 못해 미안해. 사랑해. 마니마니 사랑해. 네게 주고 싶은 시 한 편이다. 음미하려무나.

아랑곳하지 않고 퍼부어대는 작살빛 하늘

노랗게 질려가고 있다

절전운동은 주의단계 지나 물의 지느러미

꺾고 온 누리 들썩이다가

등덜미로 미끄러져 들어온다

눈물겨운 저 푸른 때

피 한 방울 같은 헝겊조각 덧입고

여름을 등에 업고 가는 걸음걸이뿐

어느새 뭉개지는 마음 상처로 불붙어

마녀사냥으로 얼룩져간다

죽고 싶니……

물의 꼬리표 떨구고 있다면

이 또한 지나가리니

찬바람 한번 들이닥칠 때

함께 하였던 그마저 허공에서 뒤돌아선다

쓰러지고 넘어지고 밑바닥까지 내려가

모든 걸 잃었을지라도

이 또한 지나가리니

몸 굽혀……

남은 생애 또다시 일으켜 세우려면

눈 한번 껌뻑거릴 일이다

속일지라도 겁먹지 않아야 할

구름 발바닥 산등성이 지나고 있다

– '울의 지느러미'

지워지지 않은 역사

　　　　　승훈아, 몇 살 나이 차이가 나지 않은 네 이름을 불러본다. 벌써 육십 고개를 훌쩍 넘어 절반마저 지난 너를 보면서, 그래도 다정함으로 네 이름을 부르는 것이 너를 대접하는 길이 아닐까 생각한다. 그만큼 너는 살가운 사람이니까. 부모님을 정성껏 모시는 너를 보면 네가 얼마나 아름다운 사람인지 우리 눈앞에 훤히 드러난다.

　이제 며칠 안으로 18일 네 삼촌의 기일이 가까이 오잖니? 추웠을 때, 얼음으로 꽝꽝 얼어붙고 눈으로 하얗게 덮였던 그 겨울에 그가 갔으니 겨울만 되면 내 마음도 참 슬프고 어렵단다. 올해는 영하 10도의 추위가 일찍 와서 내일모레 있을 삼촌의 기일은 비교적 따뜻한 날씨에 치를 수 있지 않을까 싶다. 살을 에는 겨울 추위가 아닌, 포근한 날씨 때문에 내가 한결 쉬워지는 것처럼, 네가 내게 보여준 따뜻하고 넓은 마음씨 때문에 내가 한결 견디기 쉬운 것도 아닌지 모르겠다.

승훈아, 그때가 언제인지 기억나니? 너는 내가 삼촌에게 보낸 편지를 보고 내 이름을 먼저 알았다고 했지? 군대에 간 네게 삼촌의 큰 꾸지람이 네게 많은 도움이 되었다고 말한 것을 듣고, 삼촌에게는 네가 끔찍한 조카였구나라고 생각했다. 그래, 네가 제대하고 복학생이었을 때 세검정에서 처음 우리가 만났던 것 같애. 그때 너는 네 부모님의 곁, 그동안 자라났던 부산을 떠나서 서울 외할머니댁에 올라와 있었지. 마침 할머니 댁에는 외삼촌(네가 부르는 삼촌)까지 계셔서 네가 얹혀있기는 복잡한 상황이었어. 너를 만났을 때, 듬직한 체구의 네가 삼촌을 이길 것 같았는데, 거꾸로 네가 고스란히 삼촌에게 매 맞았다니 놀라웠어. 너의 우직한 성품이 오늘 너를 있게 하지 않았을까 생각하지.

젊었을 그때 나는 사람을 편 가르며 보기도 하고 사람을 내 나름으로 판단했었지. 그러나 세월이 흐르고 보니 내가 얼마나 잘못된 시각을 가지고 있었는지, 어찌나 편협하고 어리석었는지 그리고 얼마나 잘 살지 못했는지 알 수 있게 되었단다. 우선 나의 평가 기준은 명예였다 -그래서 좋은 학벌, 좋은 직장, 보기 좋은 겉모습 등등… 이것이 완전히 부서지게 된 것은 두 가지 때문이었다. 첫째, 네 삼촌이 그 겨울날 떠나 버린 것 그래서 나의 모든 생각이 부서지고 낮아졌다. 둘째, 예수 그리스도 때문이었다. 내가 새롭게 되어 너를 보니까 너의 너그러운 마음씨가 보이고 너의 따뜻한 심장이 느껴졌다. 너는 삼촌이 안 계시는데도 꼬박꼬박 큰집에 보내는 것과 다름없이 내게도 선물을 보내고 있구나! 내가 해준 것이 없는데도 잊지 않고 숙모라고 챙겨주는 네가 고맙다.

지금 생각나네. 삼촌이 소천하기 불과 얼마 전 추석 명절에 부산에 있는 너희 집에 다녀간 적이 있지? 삼촌이 내려온다고 네가 얼마나 좋았으면 무언가 한 가지 실수를 했다는 기억이 나네. 자동차 열쇠를 차 안에 두고 차 문을 닫았던가? 어쨌든 네가 좀 허둥댔다는 기억인데 나도 무엇인지 잊었지만, 그때 내 마음으로 네가 삼촌을 얼마나 좋아했었는지 느낄 수 있었어. 그렇게도 좋아했던 삼촌을, 여위어도 너는 내게 한결같이 대해 주었어. 너도 마음이 많이 아팠을 텐데 나를 위로하는 네 마음이 느껴졌거든.

승훈아

넷 형제 중 맏이인 네가 중심을 잘 잡아주니까, 참 보기가 좋구나. 엊그제 동생 승봉이가 제4회 이태석 봉사상을 받았을 때 큰형님과 내가 부산에 내려갔잖니? 네가 하루 온종일 우리를 에스코트해주고 함께 있어 주어서 든든하고 감사했어. 네 어머님인 고모님이 연로하시니까 형님이 한번 뵈러가자 가자 하셔서 겸사겸사 내려갔었던 것 알지? 고모님을 살뜰히 챙기는 너와 동생, 해연이가 또 네 부인이 있어서 안심이야. '고모님은 참 좋겠어'라고 생각했을 정도야.

승훈아, 고맙다. 네가 아버님을 끝까지 보살피며 천국으로 보내드리고 네 어머님의 마지막까지 살뜰히 책임지고 있으니까. 고모님이 권사이시고 고모부님이 장로님이셨고 또 네가 대를 이어 장로님이니까 얼마나 보기 좋은지 모른다. 그리고 네 아들 준모 역시 믿음의 가문에서 반듯하게 자라 그렇게 살고 있으니 믿음의 대를 이은 축복 받은 가정이라고 말해야겠지. 주님께서 함께 하시는 가정이어서, 그리고 네가 신실한 사람이어서 감사해. 네가 하는 모든 일에 주님께서 함께 하심으로 많은 열매들이 열린다고 생각하니까 더욱 감사해.

바다가 바라보이는 식당에 앉아 밥을 먹고 차를 마시며, 조금 걸음을 떼면 바다로 통하는 부산은 네 가족이 있어서 자주 가게 되었다. 엊그제 만나서 또 나이를 물어보았지만 그렇게나마 얼굴을 마주하게 되니까 기뻤어.

톨스토이는 '세 가지 질문'이라는 글에서 이렇게 묻는다.

"이 세상에서 가장 중요한 때는 언제인가?

가장 필요한 사람은 누구인가?

그리고 이 세상에서 가장 중요한 일은 무엇인가?"

이 질문에 대해 이렇게 답하고 있다.

"이 세상에서 가장 중요한 때는 지금이고,

가장 필요한 사람은 바로 지금 내가 만나는 사람이고,

그리고 세상에서 가장 중요한 일은 바로 내 옆에 있는 사람에게 선(善)을 행하는 일이다."

우리가 부산 갔을 때 네가 우리에게 보여준 행동이었기 때문에 이 말을 너와 나누고 싶었다. 네게 감사할 수 있으니 또한 얼마나 좋은지 모른다. 감사해! 아주 아주 많이.

_____ p.s. 어제 영화 '국제시장'을 관람하면서 우리나라 역사와 부산을 많이 생각하게 되었지. 네가 부산에 살고 있어서 국제시장이 더 실감 났던 것 같았어. 남들이 기피하는 병원 일과 광산 일을 하기 위해 낯선 독일까지 갔었던 우리 젊음이었는데. 그것을 딛고 짧은 기간에 한강의 기적을 일궈냄으로, 우리가 이제는 하기 싫고 기피하는 일이 생기고 3D업종에 외국 근로자들이 몰려와서 일하는 것을 목격하잖니? 참으로 대단한 나라이며 민족인 것을! 우리 스스로 알 수 있게 되어 감사했어. 우리 모두 좀 더 정직해진다면 자부심을, 더욱더 가져도 된다고 생각해! 우리나라가 좀 더 깨끗해진다면, 조금 더 정직해진다면 향후 얼마나 더 좋아지겠니? 너도 영화 보았지? 너는 어떻게 보았니? 삼촌이 누워있는 동작동에 늘 드나들면서, 많은 시간을 보내다가 만나게 된 시를 삼촌의 마음을 담아 네게 보낸다.

자로 잰 듯 서 있는 죽음 앞에 섰을 때 마치 처음 보듯 묘비석 앞으로 다가갔다 차가운 돌을 만지자마자 내가 지녔던 모든 기쁨 깡그리 사라졌다 1950년 8월 30일 영일군에서 전사 다른 세계로 옮겨간 그가 살아보지 못했던 반세기 지나면서 우리는 태연히 옷을 벗고 두려움에서 벗어나려고 집

을 세운다 아직 태어나지 않은 아들 딸 옆구리에 끼고 저 능선 기어올랐을
그를 무참히 버리고 술 한 잔 따르지 않았다 성냥개비처럼 버렸다

기개 타오르는 그의 혈관에 심지 드리우자 서러움이 되살아나 서서히
내 발이 빗돌처럼 무거웠다 다시 한번 그의 무게를 털어버리고 싶었다

그는 내게로 와서 무슨 말 건네고 싶었을까

- '지워지지 않은 역사 - 동작동에서'

달뿌리풀

아주버님, 이렇게 불러보니, 몸에 지닌 가시가 저에게까지 느껴집니다. 많이 아프시리라 생각되지만 아파하시는 모습을 상상할 수 없습니다. 워낙 따뜻하고 배려심이 깊으셔서 자신의 아프신 것을 잘 드러내시지 않을 것 같아요.

그 와중에 아주버님이 보내신, 탁자 위에 쓸쓸히 앉아있는 크리스마스 카드를 바라봅니다. 겨울의 따뜻한 노래처럼 다가왔던 크리스마스를 보내고 새해를 맞아 시간이 지남에 따라 쓸쓸해지는 카드입니다. 아주버님의 글씨에서 묻어나는 지난날이 떠오릅니다.

주미농무관으로 발령을 받고 우리 식구가 미국에서 살 때, 자주 드나들었던 아주버님 댁에서 비로소 부딪치며 가까이 접할 기회가 많이 있었지요. 그때의 인상은 참으로 부드럽고 따스한 마음이 우러나는 분이셨습니다. 미국에서 성공한 의사로서의 면모를 갖추셨습

니다. 우람한 저택과 잘 자란 아들들이 모여 있던 그 집으로 가는 길
은 참으로 아름다웠습니다. 우리가 살던 워싱턴에서 뉴욕의 아주버
님 댁으로 차를 몰고 갈 때마다 참 좋은 동네에 자리한 그 골목에 들
어서면 먼저 멋진 풍광이 맞이해주었어요. 아름드리나무들이 쭉 늘
어선 길에 무수히 반기듯 서 있는 꽃나무들, 저택을 가리고 있는 키
큰 가로수마다 피어있던 형형색색의 꽃들, 다정한 인사를 나누듯 살
랑거리는 가지들, 사이사이 빛나는 햇살, 차에서 내리면 먼저 반기
는 꽃향기, 몸에 감기듯 풍기는 그윽한 향은 바람에 실려 전신을 휘
감습니다. 금방 형님을 만날 수 있으리라는 마음으로 운전하며 가던
그는 늘 기뻐했습니다. 다섯 형제 중 셋째인 아주버님은 바로 아래
동생인 그가 미국에서 살기를 희망했었다는 이야기를 나중에 들었
습니다.

아주버님은 인상이 곱고 담백하셔서, 어떤 빵집 주인이 '신부님'
인줄 착각했다고 말씀하셨을 때 정말 그럴 수 있겠다고 할 만큼 깨
끗하고 맑은 인상을 주셨습니다. 거기다가 부드러움까지 갖추셨으
니… 큰형님 이정호 권사가 갓 시집와서 둘째 시동생인 아주버님이
도와주셨다던 이야기는 듣고 또 들었습니다. 제일 다정하게 의과대
학에 다니는 틈틈이 집안일을 열심히 도와주셨던 동생이라는 얘기.
물을 퍼 날라주셨고 김장 때마다 고추를 닦아주셨고 부엌 연탄불을
갈아주셨고 등등. 처음 만나 뵈었을 때 한국에서였는지 미국이었는
지 기억나지 않지만, 의사의 마음씨가 묻어나는 카리스마가 있었습

니다. 그러니까 아주버님의 환자들은 행복했으리라는 생각이 들었습니다.

이제 의사인 본인이 아프셔서 힘드시겠지만, 저희에게 한껏 고마운 분으로 기억되고 있다는 것을 아셨으면 합니다. 참 좋은 분이신 것을… 인생의 일부분을 함께 공유할 수 있어서 그리고 좋은 모습을 식구들께 보여주셔서 감사해요. 신사는 이런 분이라고 보여주셔서 감사합니다.

너무나 멀리 떨어져 사셨기 때문에 더욱 애틋했을 가족들을 진심으로 사랑하신 아주버님께 감사드립니다. 한 자락 햇살 같은 아주버님께 우리들의 사랑을 담아 편지를 띄웁니다. 일생을 살면서 좋은 분을 만나는 것은 행운입니다. 동생을 아주 사랑하셨고 그가 소천하자 더 애틋하셔서 저와 은주에게까지 때마다 따뜻한 안부를 물으시는 분. 우리 모두 돌아가야 하는 그 길 끝에서 따뜻하게 바라보시는 분에게 올리는 시(詩) 한편 입니다.

처음 시작된 삼분의 일 동안
마냥 일어나려 장밋빛으로 일렁였던 아미월
당신을 삼분지 일에서 만나고
환하게 웃으며 노래했습니다
이제 마지막 삼분의 일은
처음으로 되돌아가는 하현입니다

없는 것같이 있습니다

당신은 없다 하겠지만

그믐같이 있습니다

큰비 맞으며 밤에서 낮으로 풀섶에 앉은

바람 별 구름 따위 헤아리며 사이사이

시월이 오기까지 부푼 노래 삭이고

또 삭히고 있습니다

돌아갈 길마저 잊혀지고

홀로 나선 길 끝

물음에 답하지 못하는 남은 경계

어떻게 지워야 할지 숨죽이며

이 하루 버티고 있는 콧등에 떨어지는 눈물

나를 달까지 데려다 주시겠습니까

– '달뿌리풀'

2부

/

오늘은 선물이다

위니픽으로 가는 길

언제 처음 우리가 만났었나요? 마음이 후암교회라고 말하고 싶어요. 그 교회 뜨락에서 성희씨는 한 청년을 남편으로 맞았고 그 교회 터에서 저는 남편을 잃었습니다. 그렇게 제가 아플 때, 예배시간에 말 걸었던 분이 집사님이 아니었던가요? 어쩌면 우린 아련하게 그 옛날 옛적부터 서로 알았던 사람처럼 느껴집니다.

아마, 우리 인생의 전환점에 후암교회가 자리하고 있어서일까요?

성희씨는 남들이 가지지 못한 특별한 두 가지를 가지고 계셔요.

첫째, 치과의사라는 직업.

몇 번 죽었다가 깨어나도 이룰 수 없는, 높은 장벽 가운데 있는, 상위 몇 퍼센트 사람만이 누릴 수 있는 특권 같은 직업이 있습니다.

둘째, 겸손함.

뻐기시지 않는 태도, 잘 치료하려는 의사로서 자질이 있습니다. 제가 치료받아보았지만, 정말 잘 치료하십니다. 그리고 환자의 눈높이에서 이야기하고 만나주십니다.

집사님과 만나게 하신 하나님을 찬양합니다.

그때 우리는 새벽에 만나고, 약속하지 않고 기도하며 교회에 들어서도 만나져서, 서로 만나면 뜻이 딱 맞는 사람이 되어 끝없이 예수님 이야기를 늘어놓아도 또 나누고 싶고, 만나고 싶은 시간이 계속되었습니다.

그러한 가운데 집사님의 고정관념이 조금씩 바뀌어 갔습니다.

생각해보면 과천에 개원했던 병원에서 치과 자체가 통째로 쫓겨났다는 사실 때문에 마음의 깊은 상처가 시작되었고, 다시 개원한 안양의 병원에서도 쫓아내려는 시도가 있었기에 몹시 힘들어했습니다.

수천만 원을 들여 개원하고 천신만고 끝에 조금씩 제자리를 잡아가는 병원이 쫓겨 간다는 사실에 누가 마음 아파하지 않겠습니까?

그렇지만 주님의 계획은 훨씬 다른 것에 있다는 사실을 인정하지 않으시겠어요? 완전히 다른 나라까지 가는 것!

그러니까 그런 작은 경험이, 예방주사같이 필요했다는 사실을 받아들임으로써 이제 집사님을 향한 하나님의 계획을 어렴풋이 그려

볼 수 있겠어요? 성희씨는 다른 사람이 평생 한 번 겪고 지낼 일을 두 번 겪게 하십니다. 하나님의 말씀을 함께 주시면서. 이민이라는 이름으로… 이제 또다시 힘들게 정착해야 살 수 있는 일을 시작하게 하십니다. 완전히 새롭게, 완전히 차원이 다른 색다른 문화권에서, 새로운 삶의 모험을 허락하십니다. 익숙한 것을 떠나야만 다시 시작할 수 있는, 한 번도 경험하지 못했던 상상을 초월한 미지의 세계를 주심으로 도전하십니다. 이것을 축복으로 삼느냐, 그렇지않느냐는 자신의 선택입니다. 하와가 선악과를 따 먹느냐, 안 따 먹느냐는 선택처럼. 하나님은 이미 준비하고 계셨는데, 이스라엘 백성이 가나안 땅에 사는 거인들이 무서워서 자기 자신들을 메뚜기로 인식하고 들어가지 않느냐, 거인들은 우리의 밥이라고 말하는 여호수아, 갈렙처럼 그 땅을 다스리시는 하나님을 보면서 가나안에 들어갈지 아닐지는 전적으로 그들 자신의 선택이었습니다. 집사님의 선택은?

→ 하나님께서, 함께 하신다면 그 땅으로 인도하여 들이시고 그 땅을 주셔서 넉넉히 이길 수 있다. 그 땅을 차지한다.

→ 겨우 살아남을지 아닐지조차 잘 모르겠다.

어느 것을 선택하시겠습니까?

사랑하는 성희씨에게 믿음의 여정은 이렇게 몸으로 때우면서 배우는 길인가 봅니다. 오늘 [낮은 울타리] 꺼내어 집사님의 엽서를 읽습니다. 제게 보냈던 엽서 기억하시나요?

> 그러므로 너희가 주 안에 굳게 선즉 우리가 이제는 살리라. 우리가 우리
> 하나님 앞에서 너희로 말미암아 모든 기쁨으로 기뻐하니 너희를 위하여 능
> 히 어떠한 감사로 하나님께 보답할까(살전 3:8-9)

이러한 말씀과 함께 마음의 상처를 동(東)에서 서(西)가 먼 것처럼 던져버리시고, 사랑으로 새롭게 일어서는 집사님이 아름답습니다. 기회는 또다시 주어지고 있으며, 이 길은 집사님께 허락된 멋진 길이라는 것을 잊지 마시기 바랍니다.

하나님은 광야에 길을 내시고 사막에 강을 내실 수 있는 분임을 기억하십시오. 집사님, 주님 안에 있는 사랑으로 사랑합니다.

아무에게나 캐나다에서 살 수 있는 길이 열리는 것이 아니라 감당할 수 있는 분에게 - 자신은 감당할 수 없다고 여기시는 게 아닌가요? - 주님의 특별 은총과 함께 주어집니다.

사랑하는 성희씨, 사랑은 오래 참고 이루어 가는 인생의 굴곡진 과정을 지나야 합니다. 누구나 통과하는 골짜기를 지나, 먼 훗날 그때 우리가 만났을 때 주님의 뜻은 놀랍다고 말하기까지 주님과 동행하십시오.

함께 주님을 끝없이 이야기하고 나눌 수 있어서 감사했습니다.

여기, 집사님의 여정을 그대로 담은 시 한 편을 드립니다.

아파트어귀에서 전철 다니는 길까지 걸어간다

6월의 타는 빛살에 눈이 어두워져

돌멩이 부리에 걸려 넘어질 때

등 뒤에 툭 떨어지는 잎사귀 하나

지나치려다 되돌아와 노란 공동(空洞) 주워들었다

그래, 나는 알 수 없는 뒤안길에 사로잡히고

여름의 술렁이는 이파리 가운데 섞여오는

낱말을 만난다 너는 실패작이야

너는 죽어야 해

엉켜있는 몇 개의 문장이 튀어나왔다

죽었으면 좋았겠는가 중얼거리며

천천히 지나치는 경비실의 유리에 비친

어제를 밀고 간다

살아 있어서 얼마나 좋은가

느개와 팔짱 끼고 없는 듯 살아온 바람이어도

부서뜨리고 날려 보내는 태풍이라도

썩은 밑창의 녹조 끌어내었다면 그래도

그 날들이 찌르는 가시처럼 다가와도

참아서 견디어온 일월이 비늘로 날 선다

심연을 가늠할 수 없는 바닥에 손 짚고 일어서던

순간부터 바람은 간신히 방향을 바꾸고

부러진 날갯짓마저 조금씩 되살아오며

내 영혼이 운명의 외투 속에서 걸어가는 동안

하나님 경영하는 발자국에 점철 되어있다

종종 가고 있으나

홀로 내 힘으로 가는 길인가 묻는다

– '위니펙으로 가는 길'

답신

——— 권사님

새해가 왔어요!

작년 이맘때 치과 정리로 힘들어 권사님과 함께 기도하던 때가 생각납니다. 그냥 눈물만 나던 때였어요. 이 찬양을 듣는데 그때 생각이 나고 권사님이 많이 보고 싶어요! 눈물을 닦아주시고 내 손 잡아주시던 권사님 덕분에 하나님을 더욱 알게 되고 사랑할 수 있게 되었어요.

고통은 하나님의 메가폰이라고 처음 만났을 때 해주셨던 말씀 아직도 기억합니다. 권사님 생각 많이 하지만 자주 연락드리지 못해 죄송합니다. 권사님께 글 쓸 때엔 너무 눈물이 나서요…

사랑해요. 권사님!!

권사님!

감사해요. 연락 주셔서요.

여긴 아직도 한겨울입니다. 영하 10도는 보통이고 20도 언저리의 날씨가 계속되었죠. 눈도 무지 오고요. 권사님 말씀이 다 맞아요…

힘들어도 힘들다고 말할 수가 없었어요. 그래도 시험의 부담으로 심장까지 아플 때 하나님께서 괜찮다고 하시는 것 같아 한참을 울었어요. 그냥 제가 한 일의 결과에 따른 것이 아닌, 제 존재를 쓰다듬으시는 것 같아서요. 2주 후면 1차 시험결과가 나옵니다. 제가 생각한 것보다 많이 어려워서 어찌 될지 모르겠어요. 2차 시험은 실기시험인데 6월에 있지만, 여건상 올해엔 1차에 합격하더라도 안 보려고 합니다. 치과 장비를 구할 수가 없었고 실습을 위한 강의를 듣기 위해서는 토론토나 한국에 가야 하는데 애들을 맡길 곳이 없어요. 여기 분들은 제가 시험보는 것에 부정적이어서 더 힘듭니다. 길을 잃은 것 같아 한참 힘들었어요.

이곳 한인 교회는 토요일만 새벽예배를 드려서 나가고 있어요. 기도하다 보면 눈물 콧물 다나오고 한국에서 권사님과 기도했던 시간들을 떠올립니다. 그 시간들이 저를 더 강하게 해주었고 평강을 지켜주었습니다. 언젠가 지금의 시간들이 하나님께서 허락하셨고 주님과 함께 했던 골짜기임을 깨닫겠죠? 권사님 건강은 어떠세요? 요즘도 저처럼 낙심하고 괴로운 영혼들을 주께로 인도하시고 계시나요?

제게는 권사님과의 만남이 터닝 포인트였어요! 권사님의 아름다운 모습과 목소리가 들려요. 고맙습니다. 사랑해요. 권사님!!

문성희집사님!

대지를 뜨겁게 달구었던 여름 볕이 — 올해는 5월인데 벌써 여름 날씨네요 — 언제 그랬느냐는 듯 오늘은 비 오는 날입니다. 비가 오니까 차분해지면서 과거를 돌아보게 됩니다.

성희씨로부터 때때로 문자를, 때때로 전화를 받으면서 얼마나 힘들면 그럴까라는 마음이 있어 안타까웠지만 나는 주님의 뜻이 있음을 믿으며 평안하게 평안하게를 되뇌었습니다. 그렇지 않습니까? 과거는 끊어지는 것이고 다시는 과거로 돌아갈 수 없습니다. 어릴 적의 상처라 할지라도 십자가 앞에 내려놓으면 주님께선 '동(東)이 서(西)에서 먼 것같이' 던져주시고, 새롭고 살아있는 길로, 우리가 꿈꾸지 못했던 길로 가도록 하십니다. 성희집사님을 보면 주님께서 어떻게 그렇게 하시는지 보입니다. 우리나라에 살고 있으면 끊어지지 않는 형제자매의 문제도, 가족 간에 있었던 매듭도 그리고 아무에게도 말하지 못하며 살았던 기막힌 사연도 떠오르지 않을 만큼, 낯선 곳에서의 생활이 어렵고 힘들고 치열합니다. 그러니까 과거를 돌아보며 과거를 곱씹으며 과거에 머물지 못하게 하시는 장치가 아닐까요? 말이 통하지 않는 곳에서 아이들이 적응하지 못해 "왜 여기

왔어? 한국에 돌아가자."라고 할 때마다 엄마가 받는 고통이 얼마나 클지 상상이 갑니다. 편의점에서 말이 통하지 않아도 손짓 발짓으로 담배를 팔 때의 속상한 자신을 용납하지 못할 때가 얼마나 많겠습니까?

그래서 주님 앞에서 울고 다시 하루하루를 추스르는 모습을 상상하기도 어렵지 않습니다. 하지만 그 고통은 과거와 끊어질 때 감내해야하는 고통이고 부대끼는 어려움이라면 참을 수 있겠습니까? 새롭고 산 길이란 십자가에서 내가 죽을 때, 부활하신 주님과 함께 가는 길인 것을 어떻게 하겠습니까? 그러나 성희씨는 그 길을 너끈히 갈 수 있다고 주님께서 작정하시며 보내신 길이 아닌지요?

축하합니다. 그렇게 어렵다는 캐나다 치과의사 1차 시험을 무사히 통과하셔서! 시간도 없고 공부할 여건이 아닌데도 합격하셨습니다.

축하합니다. 그간의 노고가 헛되지 않았음을!

축하합니다. 이제 펼쳐질 새롭고 살아있는 길은 주님께서 집사님의 길에 빛으로, 발에 비추는 등불로 인도하심을! 이제부터 성희씨는 주님의 소금으로 빛으로 세상에서 사시라고 보내신 주님의 사람입니다. 현재를 빛나게 사는 사람에게 더해지는 것, 미래가 아름다울 것입니다.

미래는 성희씨의 것입니다. 이제부터 달려갈 길을 기쁜 마음으로 달리신다면 역전의 드라마가 쓰여질 것입니다. 우리의 것이 되기를 바라시면서 주님께서 준비해두신 것이 있어요. 마음껏 누리라고 하지 않으실까요? 과거에 묶이지 않는 사람만 미래를 끌어당겨 현재를 사는 것이 아닐까요?

왜 새삼스럽게 집사님께 편지를 쓰게 하셨는지 이제 알았어요! 처음부터 우리가 만나면 이런저런 이야기를 나누다가 김 선생에 대해 말했지요? '내 후배 중에 일이 잘 풀리지 않아 고통받는 이가 있어요. 치과를 개원하려고 분양받은 상가를 조폭에게 뺏기고 몹시 힘들어했거든요. 게다가 언니들과 어머니 문제와 본인의 건강 때문에 아주 괴로워하고 있어요.' 나는 그 이야기를 지나가는 얘기로 들으며 대수롭지 않게 넘겼어요. 더구나 집사님이 캐나다로 떠나실 때, 그 후배가 목발을 짚고 공항까지 나왔었다는 말도 건성으로 들었어요. 그리고 시간이 흘러 친구로부터 '권사님, 힘들어하는 후배가 있어요. 심방, 가 주실 수 있어요?' 라는 연락을 받고 일산 암센터에 입원해있던 김선생을 만났습니다. 휠체어를 타고 있었는데 방사선치료를 하고있던 중이었습니다. 경추에 생기기 시작한 종양 덩어리는 암인지 무엇인지 알 수 없는 부위라서 – 손을 잘못 댔다가 하반신 마비가 올 수 있으므로 – 일단 방사선치료를 받기로 하고 암센터에 입원했다고 했어요. 그때 주님은 아주 강하게 그 자매를 얼마나 사랑하시는지 알게 하길 원하셨어요. 손잡고 기도하는데 눈물이 그냥 쏟아져 내렸어요. 그 후 치료가 끝나서 퇴원했다가 안양 샘물병원에 다시 입원했다는 연락을 받고 몇 차례 더 만났어요. 친구들 두 분과 방문했을 때 휠체어에서 일어난 그녀를 보며 얼굴은 맑고 키는 그리 크지 않다고 말했던 기억이 나네요. 자신을 주님께 헌신했었는데 오히려 몸이 아프고 몹시 고통스러우니까 괴로워했지요. 이후 언니 집을 거쳐 오빠가 계시는 순천에 가 있다는 이야기로 우리의 만남은 끝났지만, 기도는 한동안 계속했습니다.

"그녀 소식 들으셨나요? 너무 가슴 아프네요. 여행 가기 전까지 열심히 기도했는데…"라고 친구가 소식을 전해 주었습니다. 어리둥절한 내게 그날이 발인날짜라고 했어요. 하늘나라에 가기 전, 손에 감각이 있을 때 해야겠다며 성희씨께 전화를 했다고요? 친구는 '지금은 성희가 걱정되어요'라고 했어요. 우리는 이처럼 나와 가까이 사랑했던 사람의 죽음을 받아들이기가 무척 어렵고 힘듭니다. 좋은 날을 보지 못하고 그렇게 세상을 떠나야 하는지? 왜 아직 젊은데 떠나는지? 왜 하나님께 헌신했는데 뜻도 이뤄볼 수 없는지? 왜 어려움은 엎친 데 덮친 격으로 오는지 그러나 우리가 알아야 할 것이 있어요. 주권은 주님의 것이라는 것!! 주님께서 행하시는 일에 우리는 이의를 달 수 없다는 것!

주권은 주님께 있다는 것을 인정하지 않으면, 우리는 피조물이 아니라고 항변하는 것과 같습니다. 마음이 너무너무 아프지만, 주님께서 가장 귀한 길로 인도하셨다고 믿어야 합니다. 성희씨, 우리가 모르는 것을 우리의 이해수준으로 왜곡하는 것은 온당치 못합니다. 그 자매는 성희씨께 삶의 소중함을 일깨우고 싶지 않았겠어요? 여름에 귀국하시면 순천에 가서 그녀를 만나겠다던 집사님의 마음을 그녀는 이미 벌써 받았을 것입니다. 함께 슬픔을 나누기를 원합니다. 그리고 슬픔을 나눌 친구들이 있어서 감사하네요.

더구나 집사님이 그렇게 공부를 계속하시니까 몇 사람 몫까지 합친 더욱 아름다운 삶을 예비하신다는 마음이 들어요. 사랑하는 성희 씨 감사합니다. 이렇게 따뜻한 분과 사귀어 사니까 살 맛이 나는 걸 어떻게 하겠습니까? 또한, 우리 곁에 집사님같이 따뜻한 분들이 많아지기를 소망합니다. 감사합니다.

시간의 이빨 사이에서

십수 년 지친 몸으로 떠다니다가

문득 고개 들고 다가선 곳

터져나오는 몸 냄새 훅 먼저 맞는다

줄지어 들어서는 햇살 사이

보일 듯 말 듯 웃고 있었다

아니 울고 있었다

바람은 긴 채찍 휘둘지 못해

언뜻 일어서는 그를 몰아내지 않는다

19년 세월 저켠에 살아있던

그는 아직 너무 젊었다

학교 가지 못한 일곱, 다섯 살 두 아이

남기고 강 너머 작열이 식어버린 곳으로

떠났던 그가 거기 있었다

그리고 그 곳에 없었다

어느새 키 큰 울타리 나무로 자란 쥐똥나무

흰 꽃들 날아다니고 있었다

내 가슴으로 날고 있었다

시간의 이빨 사이에 맴도는

그만큼의 인연으로 얽혔다가

우리 다시 만날 수 없을 때, 그때마다

감겨오는 작은 꽃들의 손

시간의 우물 마구 퍼내고 있다

- '시간의 이빨 사이에서'

주연씨, 기문엄마

어쩌다가 우리가 자라났던 유년의 거리를 기웃거리게 되면, 까맣게 잊고 지냈던 무수한 추억들로 가슴이 벅차오르는 경험이 있습니다. 그렇게 잊고 지냈으나 마음 한구석에 살아있다가 불쑥 솟아난 옛날 기억들이 생생한 오늘로 살아 돌아오는 생의 축적된 꽃불이 있습니다. 엊그저께 우리가 만난 시간이 그러했습니다. 정신을 차리지 못할 정도로 웃고 떠들고 했더니 밤까지 잠이 잘 오지 않더군요. 다시 만나니까 주연씨가 어떤 사람인지 기문엄마가 어떠한지 알 수 있을 것 같아 오랜만의 우리 만남을 감사했습니다.

벌써 14년 전으로 거슬러 올라갔던 과거를 끄집어냈을 때, 비로소 마음이 그 시간, 그때 머무르면서 떠오르는 추억들로 벅찼어요. 박미경집사님이 큐티(QT)나눔방을 하자고 제안했을 때, 함께 미리 기도했었다는 것도 놀라웠어요. 말했을 텐데 기억하지 못하고 있었어요. 주님께서는 우리 만남이 지속될 때마다 내게 기쁨을 주셨어요. 그러므로 주님의 뜻으로 시작된 모임이라 유추하며 확신합니다.

우선 주연씨는 매력적인 사람이었어요. 처음 박미경집사님 댁에서 시작한 우리 모임을 언제부턴가 자기 집에서 오픈하고 손수 다과를 준비하였고 항상 수고하였어요. 아직도 방배동 그 큰 집이 생각납니다. 넓은 식탁에 올려져 있던 말린 석류들, 멋지게 꾸며진 집 그리고 사람을 맞이하는 밝은 얼굴, 미인이라서 더 예쁜 자태. 아마 주연씨가 아니라면 우리 모임을 그토록 오래, 지속하지 못했을지 몰라요. 그런 주연씨가 남편의 직장을 따라 옮겨간 하와이에서 오랜만에 다니러 오셔서, 우리가 다시 만났잖아요. 그날 대화 중에 싱가폴에서 성령의 은혜 가운데 써서 보낸 희수씨의 편지 이야기가 나왔지요? 주연씨가 애지중지하며 가지고 계시던 편지를 내가 수민엄마 읽어보라고 주라 했다는 말은 제 기억에 없었어요. 돌아와서 수민엄마에게 연락을 취해보았으나 전화번호가 바뀌고 연락 두절 상태에요. 나도 그 편지 다시 읽어보고 싶은데… 내가 싱가폴 그댁에 다녀왔던 일도 그 편지 때문이 아니었을까? 아님 그 댁 다녀온 후 받았을까? 지금 생각해보아도 잘 모르겠어요.

　주연씨는 우리에게 하와이로 초청하는 모습이 옛날 그 모습 그대로에요. 조금도 변하지 않는 믿음과 따스함이 느껴졌어요. 감사합니다. 더욱이 주연씨를 돋보이게 하는 것은 기문엄마에게 건넨 사랑 때문입니다. 서두에 시로 표현한 것처럼 어린 두 아들을 두고 남편이 먼저 소천했기 때문에, 기문엄마는 두 아들을 키워내야 하는 무거운 과제를 짊어지고 있었습니다. 눈에 넣어도 아프지 않을 예쁘고 사랑스런 아내와 자녀를 두고 어떻게 기문아빠가 눈을 감을 수 있었겠습니까?

　기문엄마를 우리 나눔방에 초청한 박집사님의 긍휼(헤세드)이 있었지만 정작 이것을 실현한 또 한 분은 주연씨에요. 두 아들을 귀여워하시고 기문엄마를 도와주시며 급기야 친구가 되셨습니다. 어찌 보면 기문엄마의 기품 있는 행동과 몸가짐으로 비롯된 우정이 아닌가 생각합니다. 엊그제는 기문엄마가 어렵사리 연락을 취해서, 희선씨와 희수씨까지 다섯 나눔방 지체들이 모였습니다. 더구나 비싼 밥까지 사면서 기문엄마는 우리를 기쁘게 해주었습니다. 유치원에 다니던 기문이가 원하던 대학에 입학해서 우리 모두 기뻐하지 않을 수 없었습니다. 기문엄마, 너무 장하십니다. 누군가가 물었지요? 주위의 남자들이 가만히 두느냐고. 내가 받아서 말했던 기억이 나네요.

　"오십 줄에 남편을 잃은 나도 가만히 두지 않는데, 하물며 삼십 줄 초반 꽃다운 나이에, 더구나 이렇게 예쁜 기문엄마를 가만히 둘리 없지."

기문엄마는 가만히 웃었습니다. 여의도에 살던 기문네를 방문했을 때, 날마다 때마다 울었던 기문엄마의 자리가, 눈물로 얼룩진 자리가 보였습니다. 그렇지만 두 아들을 잘 키우고 싶었던 기문엄마가 어떻게 그 어려움을 극복할 수 있었을지 알 것 같았습니다. 기문엄마 훌륭하십니다. 둘째 아들이 벌써 어른스럽게 '엄마, 우리 걱정하지 마시고 이모랑 여행 다녀오세요.'라고 했다는 말에 모두 숙연했습니다.

용기 있게 당당히 세상과 맞서 싸우며, 자녀를 뚝심 있게 키우는 우리 어머니의 전형이라 할까요? '여자는 약해도 어머니는 강하다.'라는 말을 저절로 떠올리게 하는 기문엄마, 기문이가 대학 들어가니까 엄마의 얼굴도 폈어요. 더 예뻐지고 더 젊어졌어요. 시집가야겠다는 농담이 나올 만큼 고와졌어요. 우리에게 주연씨와 기문엄마 같은 올곧고 반듯한 젊은 엄마들이 포진한 큐티 나눔방은 기쁨이었습니다. 아마, 그래서 주님께서 부어주신 사랑을 다 표현하지 못할 정도로 사랑하게 되었던 것 같습니다.

엊그제 만나니까 그 사랑이 기억되었습니다. 우리들의 모임을 축복하셨음을 주님께 감사드립니다. 주연씨와 기문엄마에게 그리고 처음부터 꾸려나가고 열심히 섬기기 시작하셨던 박미경집사님에게, 지금은 미국에서 살아있는 도희씨와 연락이 두절된 수민엄마에게도 휘재엄마에게도 감사드립니다. 젊고 예쁜 우리 식구 때문에 많이 행복했습니다.

가계(家系)의 손아귀에서

이영희 권사님, 그토록 무덥고 끝날 것 같지 않던 여름이, 언제 그랬느냐는 듯, 찬바람이 옷깃에 매섭습니다. 11월에 접어들자 먼저 주님께 감사드릴 일은 성준엄마께서 권사님으로 임직하는 일입니다.

왜 제가 감사드릴까요?

돌아보면 우리가 처음 만났을 때, 지금도 사진으로 남아있는 그때, 영희씨를 볼 때마다 너무 예뻐서 복숭아 같다고 생각했어요. 솜털 같은 여린 이미지, 지금껏 간직하고 있는 곱고 아리따운 자태… 항상 예쁜 거기에서 머물렀습니다. 서로 잘 알지 못했습니다. 만나면 그것으로 끝이었습니다. 약간의 경쟁의식이 없었다고 말할 수 없겠지요? 자기 남편과 내 남편의 여자친구로 또 부인으로 항상 경계선이 우리 사이에 있었으니까요.

세월은 그런 우리 사이에 끼어들면서 많은 변화를 겪게 했습니다. 권사님의 시아버님께서 타계하셨을 때 멀찌감치 그 사건은 지나갔습니다. 그것이 권사님께 어떤 영향을 끼칠지 생각지도 못한 채. 사실 그 이후 권사님과 시어머니와의 뿌리 깊은 갈등이 고조 될 수 있었음을 저는 알지 못했습니다. 그러다가 결정적인 사건, 그 일이 터졌어요. 젊은 우리 남편의 소천! 제게 청천벽력과 같은 일이었습니다. 더 이상 살고 싶지 않았거든요. 삼우제 때 우리 가족 사이로 권사님 내외분께서 오셔서, 그 눈밭 속에서 슬픔을 나누었던 기억이 생생합니다. 하얗게 내린 눈이 묘지를 덮고 있었지만 두 분의 눈빛이 서러워 하얀빛이 바래졌거든요. 우린 모두 너무나 아프고 아팠습니다. 많이 아파해주셨다는 것은 그다음 어느 봄날, 벚꽃 꽃비가 쏟아져 내리는 워커힐호텔에 저를 불러내어서 그 광경을 함께 나누고 싶어 하셨던 것으로 알 수 있었습니다.

그때까지도 이렇게 가까워질 줄 또 만나면 이렇게 반가워질 줄 몰랐습니다. 무심한 세월은 고우신 권사님께 함부로 타격을 가했습니다. 그래서 이사하게 되었고, 우리는 동부이촌동에서 다시 만나게 되었습니다. 하용조목사님의 설교가 좋아서 같은 교회에 다니게 된 것조차 하나님의 은혜였고 감사한 일이었습니다. 서로 속속들이 나눌 수 있는 친구가 되기 시작했습니다. 주님께서는 저를 다루셔서 새롭고 산 길, 세상이 말하지 않는 길로 가게 하셨고 그 길목에서 성준엄마를 다시 만나게 하셨습니다. 권사님이 아니라면 의와 바른 삶에 대하여, 의로운 삶에 대하여 깊이 통찰하지 못했을 테지요. 제게 가장 놀라웠던 권사님의 삶에 대한 태도는 올곧은 삶, 바르고 의로운 삶을 지향하는 것이었습니다. 그래서 많이 생각하게 되었습니다. 집에서 살림하는 여자들이 바르게 살겠다고 결단하고, 그렇게 가정을 이끌어 가시는 모습은 흔치 않다고 생각하거든요. 그래서 시어머니와의 갈등을 끊을 수 없었겠지요. 당신 몸과 자기 자신만 위하는 딱 그만큼의 자기중심적인 사람을 이해하긴 참 어려우셨을 테니까. 저도 그런 사람이었는데 예수를 믿고 고난을 통하여 하나님의 인도하심으로 조금씩 가치관이 달라지기 시작했고, 비로소 권사님의 진가를 보게 되었다고 할까요?

참으로 예쁘고 고운 사람, 우리는 그런 사람을 미인이라 부르죠. 그러나 영희씨는 얼굴뿐만 아니라 마음씨와 속사람도 고우세요. 동부이촌동으로 옮겨오신 후 많은 고난이 권사님을 덮쳤으나 꿈을 꾸는 것은 아닌지 하면서 힘들어하셨지만, 잘 이겨내신 것을 감사드려요. 우리를 깨뜨리시고 낮추시고 내려놓게 하시는 주님은, 우리가 아끼고 애지중지하는 것을 통하여 그렇게 하신다는 것을 보여주십니다.-그래야 비로소 우리는 조금 낮아지고 조금 작아져서 자기 연약함을 깨닫고 자신의 죄를 알고 주님을 통하여 새롭고 살아있는 길을 갈 수 있으니까요. 다 내려놓는 것만이 새로운 문이 열리는 길인 것을! 그것이 아플지라도, 힘들지라도 말입니다. 권사님을 만나면 행복해지는 것조차 우리 생각이 아닌 주님의 뜻이 아닐까요?

11월은 겨울이 찾아오는 계절입니다. 무성한 잎사귀를 떨어뜨리고 나목이 되어가는 때, 작금의 내 모습이 아닐까 헤아려봅니다. 인생의 달랑거리는 자랑거리를 떼어내고, 본향으로 돌아가기 위해 준비하는 때. 이럴 때 과거의 거짓 성공과 실패를 떼어내고 함께 본향으로 가는 길동무가 필요하잖아요? 다시 만난 것에 감사하고, 특히 제가 많이 아팠을 때 몇 차례 국을 끓여 오셔서 저의 필요를 채워주심을 감사합니다. 몇 번인지 헤아릴 수 없도록. 특별히 제 손목이 부러졌을 때 끓여다 주신 꼬리 곰국을 오래 기억할 것 같아요. 모두 영희 씨의 믿음, 소망 그리고 사랑이 아니겠어요? 추위가 몸속으로 파고들고 꽁꽁 얼리게 하지만, 따뜻한 사랑은 추위 따위 능히 견딜 수 있게 하고 기꺼이 저 천국을 갈 수 있도록 동행하는 것이 아니겠어요?

　　정말 감사합니다. 옆에 계셔주셔서 또 앞으로도 함께 하기를 바랍니다. 오래오래 건강하시고, 기도하시는 모든 일들이 축복으로 돌아오기를 소망합니다. 주님 안에서 한 지체로 한 사랑으로 묶어주셔서 감사합니다.

_____ **p.s.** 권사님께 엄청 감동 받아서 자연스럽게 나온 시 한 편입니다. '가계(家系)의 손아귀에서' 올립니다.

　　반듯한 집 한 채 세우려고

　　세상에 나와

남의 옷뿐이었던 거푸집 더듬는다

손 마디마디 깊이 박히는

대못 하나 둘 셋……

온몸이 후둘후둘 떨리는 두통이다

우릴 깨워놓고 먼저 잠드는 밤 한시

이따금 새들이 날아오르는 길목에서

자신의 모습 지우며 막막히 서 있을 때

불 속에 들어가면 다시 태어날 수 있을까

몸을 불사르는 빛으로

물이라도 퍼 나르는 물통이고 싶었다

날고 싶은 것들을 떠나보내고

투명한 물속에서 피 흘리는 다림추

하나의 집 반듯이 세우려고 옴부림치다가

콘크리트 무게 버티지 못해

팅겨져 나와……

한 줌 무게 느낄 수 없는 이 가벼움

억누를 수 없는 존재의 목마름에

지워지지 않는 어머니, 우리의 어머니

나에게 주어진 몸

영하 10도로 곤두박질치던 겨울이 언제 그랬느냐는 듯 얼굴을 돌리고 봄에게 길을 터주었습니다. 벌써 봄기운이 퍼져, 산수유가 노랗게 꽃을 피웠고 목련꽃과 매화도 몽우리가 터질 듯 부풀어 오르기 시작했습니다. 어딜 가나 봄 냄새가 진동하고 가냘픈 생명이 딱딱한 대지를 뚫으며 솟아납니다. 이렇게 생명으로 가득 찬 봄의 전령이 되어 현철엄마에게 편지를 씁니다.

사랑하는 사람이 이 땅을 떠나면 봄은 도무지 아무 의미가 없어지고, 꽃들도 화려하게 꽃피우지 말고 검은색으로 피었으면 하고 바랄 때가 내게도 있었습니다. 현철아빠를 그리워하는 이은강권사님 마음을 제가 어찌 모르겠습니까? 그동안 건강은 어떠신지요? 작년에 뵙고, 그래도 건재하신 것 같아서 다행으로 여기며 이야길 나누었는데 시간은 이렇게 훌쩍 지나가네요. 현철아빠 윤서승 차관님의 타계소식에 깜짝 놀란지도 어언 2년이 되어갑니다. 십칠 년 먼저 우리 남편이 세상을 떠나고 가장 애통해하셨던 현철아빠께서 남편의 기일에 빠지지 않고 해마다 묘소에 찾아오셨던 것을 기억합니다. 지금도 생생하게 기억하는 것은 윤차관님의 사람 좋은 웃음, 저희를 다독여 주시던 모습, 그 말씨 때문이 아니겠습니까?

현철엄마와 저의 인연은 남편들 때문이지만 특히 제가 후암교회 다닐 때, 주미농무관으로 다녀온 직후 현철엄마를 따라 할렐루야교회 세미나를 들으며 우의를 다졌던 것으로 기억합니다. 이은강 씨를 처음 만난 것은 결혼 전 그가 보낸 편지에서부터였습니다. 편지에는 이렇게 적혀있었습니다.

'윤서승 군 결혼하여 부인과 함께 상경하여 저녁 초대를 하더군.(중략) 다음날은 부부 동반하여 세검정에 부모님께 인사차 왔더랬지. 부인되는 사람이 매우 인품이 훌륭한 아가씨더군. 부산 출신의 미술을 전공한 아가씨라오. 가진 것은 없으나 오직 정열과 희망을 가지고 새 출발한 한 쌍의 남녀에게 진심으로 축복을 기원했지.'

그때부터 이은강씨에게 깊은 호기심을 가지고 있었다고 할까요? 그리고 자연스럽게 만나 어려운 생활 가운데서 사귈 수 있었습니다. 특별히 어려운 시절을 두루 거치며 믿음으로 서로를 조금씩 알아가게 되었음을 감사하게 생각합니다.

현철아빠, 엄마 두 분에 대해서 말하자면, 두 분 같은 찰떡궁합은 찾기 힘들다고 말해도 될까요? 윤차관님의 성품이 그러하지만, 뒤도 돌아보지 않고 오로지 한곳에 집중하시잖아요. 부인에 대해서도 평생 함께 하시면서 옆도 돌아보지 않고 헌신하셨잖아요? 먼저 현철엄마가 아프셨습니다. 그마저도 몸소 아프심으로 윤차관님이 뒤질세라 동행하셨습니다. 그런 거는 안 하셔도 되는데… 부부라도 이렇게 훤히 보이도록 헌신하는 것이 아름다웠습니다. 그래서 현철엄마의 애통이 심하시리라 짐작합니다. 오죽하면 핸드폰에 현철아빠께서 투병하시던 병원옷 차림으로 찍은 두 분의 사진을 홈화면으로 사용하시겠습니까? 현철아빠는 또 환경부의 일에 대해서도 오직 한 길로 가셨습니다. 처음부터 끝까지 헌신하셨습니다. 남편의 생전에 그는 융통성 없게(?) 올곧게 일하는 친구를 자랑 반 걱정 반으로 바라보았었지요. 그러다가 혹이나 부러질 수 있겠다 싶어 염려되었나 봅니다.

윤차관님이 끝까지 일을 잘 마무리하시고, 두 분이 그제서야 여유를 부리는 시기도 있었지요. 그때 부러운 시선을 느끼지 못하셨나요? 가장 기억나는 한 장면은 현식이가 파일럿으로 근무하게 되었을 때, 우리에게 밥을 샀던 저녁입니다. 은주와 제가 나가고 현식이와 엄마가 나간다고 했을 때 아빠를 왜 빼느냐고 해서 같이 저녁을 먹었던 날이었습니다. 모르는 사람이 보면 부모님과 자녀들이 만나는 상견례와 같은 자리였습니다. 그래도 현식이가 저를 위하는 마음이 갸륵해서 아주 즐거웠던 저녁 식탁 시간이었습니다.

제게도 몸에 이상이 생기고, 무릎도 아프고 병치레에 여념이 없습니다. 이렇게 나이듦으로 아픈 것을 어찌하겠습니까? 그래도 주님께 감사합니다. 오늘 현철엄마에게 성경 한 구절을 드릴 수 있어서.

나의 사랑하는 자가 내게 말하여 이르기를 나의 사랑, 내 어여쁜 자야

일어나서 함께 가자

겨울도 지나고 비도 그쳤고

지면에는 꽃이 피고 새가 노래할 때가 이르렀는데

비둘기의 소리가 우리 땅에 들리는구나

무화과나무에는 푸른 열매가 익었고

포도나무는 꽃을 피워 향기를 토하는구나

나의 사랑, 나의 어여쁜 자야

일어나서 함께 가자 바위틈 낭떠러지 은밀한 곳에 있는 나의 비둘기야

내가 네 얼굴을 보게 하라 네 소리를 듣게 하라

네 소리는 부드럽고 네 얼굴은 아름답구나

아가서(2:10 - 14)

주님께서 현철엄마를 보며 외우시는 사랑의 노래입니다. 그리고 주님과 함께 겨울이 지나갔다고 여기심이 어떠세요? 불가능이 없으신 주님과 함께라면 가능하잖아요? 현철엄마와 함께했던 지나간 순간들을 떠올리며 정말 감사합니다. 시 한 편을 드립니다.

그리고 더 따뜻한 날이 돌아오면 만나 뵙기를 바랍니다.

산이 내려온 만큼 물러나자

산속에 뱉아놓은 말들이 수런거린다

회오리바람 속에 뒤척이며 맴돌고 있다

입술 적시며 떠나보낸 이름 앞에

우리는 짧게 말한다

— 좋은 사람이었어

— 아니, 나쁜 사람이었어

과거로부터 떠내려온 트렁크에

자물쇠가 채워지고 입술이 봉해졌다

숱한 발자국 흩뿌려 놓았으나

세찬 바람으로 흔적 없이 사라진다

무수한 바닷가 모래알마다

묻혀버린 그가 끌고 다녔을 맨발 추방한다

뿌리 없는 시간 풍등으로 날아가고

내 손바닥 안에 그리움

그것의 유통기한은 얼마나 될까

– '나에게 주어진 몸'

청바지를 빨며

　　오늘 새벽 5시에 잠을 깼습니다. 이 닦고 교회에 갔을 때 1부 새벽예배가 막 끝난 참이었습니다. 2부 예배가 시작할 때까지 주님 앞에 나의 부족함과 연약함, 어리석음을 내려놓으려고 기도했습니다. 이렇게 하루를 열기까지 오랜 기간이 걸렸습니다. '일어나는 시간이 교회 가는 시간이다.'라고 말하게 되기까지…

　　첫 단추를 채워주신 손성인 권사님을 잊지 못합니다. 아직 결혼 전 처녀의 몸으로 새벽 제단을 쌓을 뿐 아니라 반포에서 청담동 우리 집까지 차를 몰고 오셔서 나를 태우고 중간쯤 자리 잡은 광림교회에 함께 갔었습니다. 아직 잘 알지 못하는 '남과의 약속'을 어길 수 없어 그 새벽에 온 힘을 다해 깨었던 기억이 새롭습니다. 일주일 동안이었어요? 2주일이나 지속되었어요? 아니면 더 오래? 그렇게 시작한 새벽기도는 함께 살고 계셨던 시어머님과 가까운 강변교회로 가게 되는 계기가 되었습니다.

　교회에 앉아있으면 기도를 하는 것이 아니라 잠이 쏟아졌습니다. 그 잠 속에서 못 박히신 주님의 손과 손바닥을 보았고, 사람들에게 이야기했더니 의심하는 믿음이라고 정의해주었습니다. 그래도 내 평생을 새벽기도하게 되리라고는 그때까지 꿈에도 몰랐습니다. 참 힘든 것이 새벽 제단입니다. 10년을 지킨다 한들 며칠 나가지 않으면, 편안해지고 가기 싫은 걸 어쩔 수 없습니다. 주님의 강권적 역사가 아니라면 할 수 없었다고 고백합니다. 남편이 하루아침에 소천하고, 내게 가장 힘든 시간이 늦은 저녁-그를 기다리며 앉아있었던 시간과 아침, 잠 깨어나서 침대 옆자리에 그가 없는 시간이었습니다. 그러므로 새벽기도는 나를 살려주었습니다. 새벽에 일찍 일어나려면 일찌감치 자야 했고, 새벽엔 교회 갈 시간에 늦을까 봐 옆자리를 돌아볼 짬도 없었습니다. 그렇게 시작해서 오늘까지 잘 버티고 견디어서 주님의 불기둥과 구름기둥의 인도함을 받을 수 있었다고 생각합니다.

　그래서 은혜엄마에게 가장 먼저 감사드립니다. 올해 우리 교회는 12월 16일부터 특별 새벽기도를 시작합니다. 그뿐 아니라 은혜엄마는 나를 많이 믿음으로 이끌어주었습니다. 내가 혼자가 되었을 때, 두란노서원의 성경탐구 40일과 하용조 목사님의 요한계시록 강해를 듣도록 주선하셨습니다. 후암교회 다녔으니까 그런 강의가 있는 것조차 모를 때였습니다. 그러나 마지못해, 시간이라도 때우려고 다니긴 다녔는데, 그리 큰 영향을 끼치지 못했습니다. 하지만 함께 두란노 성경대학을 다니면서 내 자아가 깨어지기 시작했습니다. 주님은 오래 기다려 주셨고 은혜엄마의 도와주심이 있었기에 가능했습니다.

과연 나는 죄에 찌들어 그것이 죄인 줄 알지 못한 채, 꽤 잘 사는 줄 알았습니다. 내 속에 있는 선과 악을 분별조차 못하고 스스로 선하다고 믿음으로써 내 악을 전연 못본 채 하며 살았습니다. 합리화가 쉬웠던 것은 죄가 앞장서서 그것은 악함이 아니라고, 악한 것이 아니라 다만 존재는 그럴 뿐이라며 앞가림해주고, 그렇게 악이 철저히 가려주고 있었다는 것을 깨닫지 못했습니다. 남에게 해를 끼치지 않는 것이 선한 것인 줄 착각하게 만들었던 것입니다. 성경대학을 다니면서 키이스 인스트레이트목사님 세미나에 참여하자고 했을 때도-우린 카풀로, 한차로 다녔으니까요-가기 싫은 마음밖에 없었지만 나는 동행자의 주머니 끈을 붙잡고 갔습니다. 그리고 성령의 기름 부으심을 내게 허락하셨습니다. 드디어 세상은 내 중심이 아니라, 역사를 주관하시는 하나님 중심이라는 사실을 받아들임과 동시에 내 인생을 새롭게 조명하는 계기가 되었습니다. 허망한 것에 목숨을 걸고 사는 사람들의 세상에서 비로소 사라지지 않을 생명과 더불어 사랑을 붙들 수 있게 되었다고 할까요.

돌이켜보면, 내가 그러려고 한 것이 아님에도 불구하고 세상에서 추구하던 것을, 모든 것을 내려놓고 하나님께 얼굴을 돌리도록 하셨습니다. 장로님 가정이었던 온 시댁 식구가 후암교회를 떠나면서 나도 온누리교회로 발길을 옮겼습니다. 그리고 온누리교회에서 충격을 받았습니다. 교회를 그렇게 다녔는데도 문제에 부딪히면 나는 내 권리를 찾는 것이 당연하다고, 그래서 어떻게 하든 조금이라도 손해를 보지 않으려고 했고, 그렇게 교육받아서 그것이 당연한 줄 알고 살았습니다. 그런데 온누리에서 "손해 봅시다." "크리스천이 손해 보는 것입니다."라는 가르침 앞에서 무릎 꿇었습니다. 예수 그리스도만큼 손해를 본 사람이 누구이겠습니까? 한 번도 만난 적 없는, 나 같이 죄를 죄로 알지 못하는 사람들을 위해 자기 목숨을, 그 생명을 내어놓은 바보 같은 손해가 어디 있겠습니까? 그 덕분에 나는 죄를 깨닫고 예수님께로 오지 않았습니까? 그리고 그 와중에 은혜엄마가 계셨습니다. 그래서 무척 감사합니다.

또 한 가지, 그동안 남편을 보내고 영적으로 새로운 세계로, 나아감과 동시에 내게 육체적 아픔이 계속되었습니다. 글 한 줄 쓴답시고 제대로 먹지 않고 틀어박혀 있다가 폐결핵이 덮쳤을 때, 내 옆에서 나를 도와주셨음을 감사합니다. 참으로 내가 어려울 때마다 옆에 계셨습니다. 그래서 몸이 아프면 무조건 연락하고 싶었나 봐요. 그 후에도 계속 아팠지만 잘 버티고 나갈 수 있었음을 주님께 감사드립니다. 옆에서 보시니까 몹시 안타까웠지요?

지금 연로하신 친정 어머님 때문에 수고하시는 걸 보면서 내가 도와드릴 것이 없네요. 처음 만났을 때부터 들었던바 경기여고 서울대 출신, 미국 유학 박사학위 소지자로 육종연구소에서 연구하며 대학 강의를 나가시는 권사님은 소위 알아주는 엘리트이셨는데 참으로 겸손하고 겸비하셨습니다. 그것이 내게 가장 큰 영향을 끼쳤다고 생각해요. 그래도 매사에 정확하셔서 내가 매파라고 말하지 않았나요? 하지만 자기가 손해 보는 삶을, 예수님 닮은 삶을 사시므로 많은 사람에게 선한 영향력을 끼치며 많은 사람을 옳은 길로 인도하시는 분이십니다.

> 지혜로운 사람은 하늘이 밝게 빛난 것처럼 빛날 것이고 많은 사람들을 의로 이끄는 사람은 별처럼 영원히 빛날 것이다(단 12:3).

내 인생에서 은혜엄마를 만난 것이 고맙고 기뻐요. 올해를 마무리하면서 감사하다는 인사를 드리고 싶었습니다. 즐거운 성탄절 맞으시고 새해에는 저 소망 없는 북한에 나무를 심는 귀중한 일에-나무는 하루아침에 자라지 않는다며-아름다운 열매가 맺히길 기도합니다.

이제 연말입니다. 지나간 뼈아픈 시간을 되돌아보게 되니까, 우리 삶에 끊임없이 끼어드는 죄를 씻는 일도 더욱 중요해지는 계절입니다. 죄는 바쁜 날들이라고 우리를 한가하게 버려두지 않으니까요. 알게 모르게 우리는 죄와 더불어 살아갑니다. 그래서 아득하지만

죄와 사생결단하는 마음으로 살아내야 하지 않을까요? 함께 나누고
싶은 시를 올립니다.

새 한 마리 길렀다 금빛 깃털 펄럭이며
그것은 한동안 새장 속에서 덜거덩거리는 어깨 부딪치며
격자무늬 익히고 있었다

처음 입었을 때 너무 꽉 끼었다
하늘 높이 날려는 이름 때문에
꼬리표 매달려 소문으로 덧칠하고
턱없이 넓혀져야 할 품 때문에
허리띠 졸라매야 버틸 수 있었다
물은 넘어가지 않았다

무늬 사이 앙증맞은 먹이통 디려밀고
파란 모자 새장에 덮어두었다
두어 뼘 너비로 차오르는 하늘뿐
철철 울음이 밖을 난다

나는 오늘 청바지 빨았다
그것은 종종거리며 길 휩쓸고 다니는

한 때는 빛나던 새였고

또 한 때는 뒤돌아서야 했던 새장이었다

아직도 주머니에 숨겨둔 낮별이 있는가

가끔씩, 나는 얼룩이 선명한 바짓가랑이 사이로

청색물감 때처럼 뽑아내야 하는 것이다

- '청바지를 빨며'

무릎 꿇고 앉았다

내 친구 정희에게

그토록 견디기 힘들었던 무더위가, 푹푹 찌는 무더위가 어느 틈에 한풀 꺾이고 물러나는 듯하니 좀 살만하다고 느끼지 않니? 그처럼 오랫동안 친근히 사귈 수 없었을 것 같았던, 온전히 자기들의 세계에 갇혀 그 속에서 큰소리치며 그러나 밖에서는 한없이 연약해 보이는 울타리 안에서의 존재들로써 우리는 이후 많은 날 동안 마주 보면서 좀 더 서로를 알게 되었다고 말하고 싶구나. 그러니까 바로 그 모습이 내 안에 내재 되어있기 때문에 절실히 밀어내고 싶었고 그러나 밀어낼 수 없는 나인 것을 알게 되었다고나 할까?

처음 50명으로 시작하여 한두 명 추가되어 한 반을 이룬 우리는 채 20살이 되기 전에 인생의 소용돌이 속으로 내동댕이쳐지지 않았니? 학업이라기보다 기숙사의 엄한 벌칙과 사람들의 관계가 맞물리면서 사는 것이 녹록지 않다는 것을 어린 나이에 다 배우지 않았겠어? 그런 연고든 아니든, 오랜 세월 만나보니까 우리는 하나같이 반듯한 사람들로 성장한 것 같아. 그러니까 자녀들이 반듯하게 장성하도록 너희 생각이 반듯한 것이 아닐까? 네게서 태어난 자녀들이 반듯하게 잘 성장했다는 것은 너희가 반듯하다는 방증이 아니겠어? 누구도 우리 가운데 오만하거나 삐뚤어지지 않았잖아. 그렇게, 인정할 것은 인정하고 칭찬할 것은 칭찬하자.

정희야, 사실 교황께서 방한한다는 소식을 들었을 때부터 카토릭인 너희들을 생각하며 나도 관심 있게 지켜보았었다. 가장 걱정되는 건 날씨였다. 프란치스코 교황 시복식 미사를 위해 광화문광장을 가득 메울 백만 명의 신자들이 몰려들 텐데, 비 온다는 날씨예보가 있었기 때문이었어. 그런데 밝게 날씨가 개었잖니? 얼마나 기도를 했을까. 그리고 우리는 모두 그 기도가 아름답게 응답 되는 것이라고 말했지. 카톨릭 신자인 너희들이 교황을 얼마나 열렬히 맞는지, 교황께서는 얼마나 겸손하게 모든 일정을 소화하시는지 보면서 마음이 따뜻해졌단다. 사실 너희들은 얼마나 기뻤겠니? 우리 모두 한 나라, 한 민족인 것을 그리고 한 공동체인 것을 부정할 수 없잖아.

지금 생각해도 네게 가장 감사한 것은 내 결혼식에 와 준 것이었어. 서울에서 그것도 시댁에서 섬기는 후암교회에서 결혼식을 치르는 것은 내게 전쟁과 같았어. 경황이 없었는데 네가 와 주었고 사진에 고스란히 찍혀 있어. 네가 와 주어서 얼마나 고마웠는지 모른다.

돌이켜보면 내가 다녔던 동화통신사의 동료들 빼놓고 네가 유일한 친구였어. 물론 대구에서 자란 내가 서울에서 결혼식을 올리게 되리라고는 꿈에도 상상할 수 없었지만 네가 와줘서 참으로 고마웠어. 오늘도 미국에서 남혜자가 온다고 하니까 너는 대구 내려가서라도 만나려고 케이티엑스(KTX)기차표를 예매했다가 취소한 이야기를 장황하게 늘어놓았지? 너의 그런 점이 정말 마음에 들어. 내가 그러지 못하니까 더욱 좋아하나 봐.

게다가 어려운 일이 있으면 전화해서 물어보잖니? 내가 (대상포진에 걸렸을 때)머리가 너무 아픈데 어떻게 할까?라고 물어보면서 '네게 많이 의지하구나'라고 생각했어. 또 집의 여러가지 문제에 맞닥뜨릴 때… 내가 자문을 구할 수 있는 친구가 있어서 감사해. 네게 물어보면 너는 할 수 있는 한 도와주려는 마음인 것이 느껴지거든. '잘 모르지만' '아마도' 같은 단어를 섞어가면서. 이 편지의 어떤 면은 남정희에게 어떤 부분은 김정희에게 해당되는 이야기를 섞어놓았어. 뭉뚱그려서 정희에게라고 표현할 수 있으니까 좋잖니! 매사에 정확하고 틀림없어야하는 백방자 조수자에게도 해당되는 편지가 아니니? 우리는 한솥밥을 먹었고 지금도 그런 기분으로 만나잖아. 그리고 항상 궁금하고 내 일부인 것 같은 친구들이니까. 한눈팔지 않고 우리는 참 열심히 살았다. 특히 정희가 네 남편 간호하는 것을 보면서 우린 감탄하고 있어. 네 지인들조차 요양원에 보내라고 하지만, 곁에서 모시고 간병하는 네 모습이 아름다워.

자기 삶에서 최선의 선택을 하는 네가 자랑스러워. 정희야 이렇게 이름만 불러도 오랜 나의 묵은 시절이 느껴진다. 지금 생각해보면 그때 우리는 눈부신 시절을 지나고 있었고 그때는 알지 못했지만 이제 비로소 알게 되는 생의 빛나는 한 때인 것을! 그리고 그때부터 지금까지 너희들과 남은 삶을 나누게 되어 기쁘다. 내일은 오늘보다 더 늙을 테니까, 말하자면 오늘이 남은 삶의 가장 젊은 시절이 되잖아? 그러니까 지금이 가장 빛나는 순간이라고 말해야겠지. 그런 의미에서 어제를 끊어내고 오늘에 충실하고 즐겁게 살아야겠지? 그렇게 되면 만날 때마다 우리는 가장 좋은 만남을 허락받게 될 테지. 혜자가 온다니까 또 한 친구를 오랜만에 만나게 되는 것을. 우리는 생애를 통하여 배우지 않았니? 어떤 어려운 상황이 닥칠지라도 내가 참회하면 새로운 길이 열린다는 것을. 만약 이렇게 우리의 오래된 우정조차 잘못 건사해서 말라비틀어지기라도 한다면, 오해로 뒤틀려 해결될 여지가 없을 때조차 참회하는 마음으로 무릎 꿇고 앉으면, 새롭게 시작할 수 있다는 것을 알고 있다. 관계는 우리 삶에서 가장 소중하니까. 그리고 그만큼 우리는 서로를 이해하는 친구들이 될 수 있어서 고마워.

그 추운 날 영하 17도 오르내린 며칠간

잠시 잊어버린 채

밤마다 찾아와

빛나는 달의 귀 흔들어주던

야래향(夜來香) 화분 그냥 놓아두었다

가득 피워낸 크고 길쭉한 이파리들

창틀 너머 하늘에 걸려있는

생선가시 같은 나무들 지우고 있음으로

베란다에 무심히 가두었는데

온몸의 물관 타고 오르던

울음마저 꽝꽝 얼었다

죽지마 내가 잘못 했어

뼈마디 부러진 손을 다름없이 적시며

고드름처럼 달린 가지 자르고

방안에 옮겨 놓았다

몸 녹으며 물기 다 빠져나간 몸뚱어리

푸석푸석 소리가 났다 내 귀도

그와 한 묶음 되어 출구 찾지 못한다

나는 무릎 꿇고

죽은 화분 앞에 앉았다

수십 년 묵은 둥치 가까이 뿌리 근방

여리디 연한 손 하나 삐죽 나왔다

- '무릎 꿇고 앉았다'

여호와는 나의 목자시니

가을이 왔습니다. 해마다 같은 가을이면서 해마다 다른 가을입니다. 올해 정원의 나무들이 일찍 붉게 노랗게 물들기 시작해서 잎이 떨어지고 있는데 아직도 시퍼렇게 자기 자리에 연연하고 있는 나무가 눈에 띄니까 단풍이 든 나무들이 오히려 새로워 보입니다. 더구나 내가 사는 아파트 앞쪽에 두 그루 나무가 한 나무처럼 한 곳에 심겨있어서 가을이 돌아오니까 비로소 위엣 나무는 노랗게 변하고 아래쪽 나무는 빨갛게 물들기 시작해서 각기 자기 본연의 모습을 찾아가고 있네요.

우리가 만나서 한날한시처럼 정답게 지내고 있는지도 어언 5~6년이 흘렀습니다. 돌아보면 어떻게 만났으며, 어떻게 이렇게 서로를 보듬어 안는 사이가 되었는지 모르겠습니다. 이것을 일컬어서 하나님의 은혜라고 할 수 있겠지요? 마치 두 그루 나무가 한곳에 심겨있어서 가을이 올 때까지 한 나무인 줄 아는 것처럼, 서로 다른 우리가 한 세계 안에서 주님의 선함을 함께 추구하게 함으로써 한 식구가 되니까 말입니다.

2010년은 제게 특별한 한 해였습니다. 무지외반증 수술로 그동안 이끌었던 순을 내려놓고 쉬고 있었을 때, 가을이 되자 목사님께서 자격 없는 내게 새로운 순을 맡겨주셨습니다. 그리고 최옥이 권사님, 최화조님, 김현숙님, 김은경과 이옥순 집사님을 만나게 되었습니다. 이런 귀한 만남이 채 몇 개월 되지 않아, 2011년 1월 제가 서울대학교병원에 입원했었습니다. 그 전 가을이 깊어졌던 11월에 제가 유방초음파를 찍어야 한다고 말했었지요? 당시 다녔던 산부인과에서 초음파결과 강남세브란스병원에 예약해 주었고 강남세브란스 유방센터에서 초음파, 조직검사를 그날 당일에 실시했습니다. 그것도 주님의 은혜였습니다. 일주일 후 유방암으로 진단하면서 수술을 권유했습니다.

12월 20일 수술 날짜를 잡고 모든 검사를 마치고 집에 돌아와서야 정신이 번쩍 들어, 비로소 유방암을 앓았던 윤집사님께 전화를 걸었습니다. 본인과 당신어머니께서 수술을 받으셨던 경험을 토대로 내게 권고한 것은 그런 큰 병은 다른 병원에서 다시 한번 체크를, 받는 것이었습니다. 그리고 그 분야의 유명한 명의들을 열거했습니다. 서울대 노동영교수, 아산서울병원⋯ 그 병원들에 진찰 예약을 하면서 12월 20일 수술 받기로 한 것을 취소했습니다. 그러니까 가장 기뻤던 일은 20일부터 시작된 연말연시 특별새벽기도회에 참석하게 되었고 나를 위한 기도회처럼, 첫날부터 은혜가 부어졌습니다. 나보다 몇 배나 더 아프신 故하용조 목사님이 단상에 올라오셔서 말씀을 증거 하시는데, 그 말씀이 은혜였고 뒤이어 올라오신 부목사님은 한결같이 암은 물러가라고 선포하시는데 일주일이 지나자 거짓말같이 유방암이 내게서 물러갔습니다. 그사이 서울대 노동영교수의 진찰 예약이 12월 30일에 잡혔고 12월 18일에 임상교수의 예비 진찰이 있었습니다. 임상교수는 나의 자료(data)를 보시며 말했습니다.

"강남 세브란스도 큰 병원인데 그곳에서 수술하시기로 하셨으면 그냥 하시지, 여기서 노동영교수님 수술 기다리시면 두세 달 걸리는데 기다리시겠어요?" 우리는(딸과 나)서울대에서 밀어낸다는 느낌으로 서울대를 포기하고 곧장 아산병원 예약에 들어갔습니다. 그때는 내가 아는 모든 사람의 인맥을 동원해야 했습니다.

22일인가? 23일인가? 서울대병원에서 전화 한 통화가 걸려왔습니다. 노동영교수의 유방암진찰을 촬영하는 지상파방송을 위하여 나를 환자로 찍으면 어떻겠느냐는 홍보실의 제의였습니다. 그러면 임의로 수술 일정을 조정해 줄 수 있다는 것이어서 나는 무릎 꿇고 주님께서 내게 주시는 크리스마스 선물로 받았습니다. 그리하여 일사천리로 모든 일이 진행되면서 며칠 후 1월 7일 수술 받게 되었습니다. 나를 밀어냈던 임상교수는 입원한 나를 보면서 '아주 높은 사람을 아시는 군요.'라며 오히려 살갑게 대해 주었습니다. 강남세브란스에서는 초기니까 3, 4일이면 퇴원할 수 있다고 했는데 노동영 교수는 상피세포가 퍼져 있으니까 완전 절제를 시행했습니다. 결과로 항암치료조차 하지 않아도 되게 하셨습니다.

돌이켜보면 이렇게 하나님께서 개입하심으로 모든 치료과정이 너무 빨리 너무 아름답게 이루어져서 나 자신도 어리둥절했습니다. 그래서 자격 없음에도 불구하고 순장을 내려놓을 수 없었고 몸은 약했으나 그해 3월 개강 때부터 계속 순장을 이어가게 되었습니다. 지금도 생생히 기억하는 것은 제가 입원해있던 서울대병원까지 모두 병문안 와 주신 것입니다. 입고 오신 밍크코트 때문에 몹시 추운 날씨인 것을 알 수 있었습니다.

한분 한분의 모습이 기억에 새롭습니다. 그때부터 우리들의 순모임은 최권사님 말처럼 물 흐르듯 순한 사람들과의 아름다운 만남으로 이어져 왔습니다. 특히 최권사님께 감사한 것은 권사님이 계셔서 중심을 잡아주시는 것입니다. 해가 거듭될수록 좋아졌습니다. 더구나 박종순님 이정선님 이영혜님 양희숙님 김신옥님 같은 귀한 분들이 합류하셔서 말씀 가운데 서로 기쁨을 나눌 수 있어서 감사합니다.

순이 아름답게 세워지는 것은 귀한 분들의 존재가 아니겠습니까? 누가 그랬지요? 사랑은 비합리적인 합리성이다. 서로 다른 우리가 만나서 즐거운 것은 각 사람을 바라보되 분석하지 않음으로 서로를 인정하게 되고 그러므로 인식의 폭이 넓혀지고 만남이 즐거워지는 것이 아니겠습니까? 무엇보다 감사한 것은 우리는 다 기도의 동역자들이며 함께 지어져가고 있으며, 함께 주님 안에서 그 구원을 이루어 나가는 것입니다. 주님께서는 저마다 다른 개성과 형편, 연령, 인간적인 배경 등 완전히 다른 사람들이 하나로 모여서 선을 추구하며 서로에게 기쁨이 되는 지체로써, 공동체로써 함께 온전해지기를 바라시는 것이 아니겠습니까? 매주 만나게 되면서 서로의 안부가 궁금하고 닥친 일들이 어떻게 되는지 알고 싶은 것은 각자 서로를 위해 기도하기 때문일 뿐 아니라 따뜻한 관심이 있다는 것이며 더불어 사랑하기 때문이 아니겠습니까? 각 사람에게 하나님께서 주시는 은사도 다르고 믿음의 정도도 다르고 성품도 다르지만, 말씀 안에서 함께 성장하고 연합하여 아름다운 교회가 되는 것이 주님의 뜻이라고 생각합니다. 자격 없지만, 순장으로 섬기는 저는 우리가 좋아하는 다윗의 시편을 함께 묵상하고 싶습니다. 감사합니다.

여호와는 나의 목자시니 내게 부족함이 없으리로다
그가 나를 푸른 풀밭에 누이시며 쉴만한 물가로 인도하시는도다
내 영혼을 소생시키시고 자기 이름을 위하여 의의 길로 인도하시는도다
내가 사망의 음침한 골짜기로 다닐지라도 해를 두려워하지 않을 것은
주께서 나와 함께 하심이라 주의 지팡이와 막대기가 나를 안위하시나이다
주께서 내 원수의 목전에서 내게 상을 차려 주시고 기름을

내 머리에 부으셨으니 내 잔이 넘치나이다

내 평생에 선하심과 인자하심이 반드시 나를 따르리니

내가 여호와의 집에 영원히 살리로다(시 23편)

오늘은 선물이다

뙤약별 아래 매미가 이른 아침부터 노래하고 있습니다. 마치 하루가 일생인 듯 목청껏 부르는 노래를 멈출 줄 모릅니다. 아마 이제 때가 얼마남지 않았다는 것을 알고 있는 것일까요? 우리 인생에도 서로가 서로에게 이렇게 애틋한 때가 있습니다.

그때를 기억하세요? 십 년도 더 지난 일이지만 한가람 아파트에서 큐티(QT)나눔방을 시작할 때였습니다. 첫인상은 '미인'이라고 느꼈습니다. 화장도 별로 하지 않고 수수하게 차려입었는데 그렇게 느껴졌습니다. 삶을 나누면서 자연스럽게 우리가 당한 현실을 어떻게 해석하고 받아들여야 하는가를 나누면서 또 그리스도 안에서는 어떻게 해석하며 받아들이는가를 이야기했습니다. 사람마다 처한 환경이 다르지만, 대부분 사십 대의 젊은 엄마들인 그곳에서는 아이들 문제가 가장 크게 와 닿는 문제였습니다. 그런 젊은 엄마들에게 도움이 되고 싶어서 '자녀 교육에 관한 세미나'를 내가 대신 청강하고 전하려 했던 기억이 새롭습니다. 몇 번 말했지만, 집사님은 참 겸손한 분입니다. 잘난 체하지 않고, 자랑하는 걸 본 적이 없으니까요.

나는 딸을 키우면서 마음이 답답했습니다. 왜 그렇게 할까? 왜 행동하지 않고 가만히 있을까? 등등 그러면서 내 친한 친구와 성격이 비슷한 걸 알았습니다. 왜 뒤집어 보고 생각하지 못할까? 마치 내 친구를 보는 듯했습니다. 그 친구는 그렇게도 좋은 남편을, 그래서 따라오는 환경을 누리지 못하고 언제나 눌리는 듯 살고 있었기 때문입니다. 그때 집사님을 만나서 감사했습니다. 왜냐하면, 내 딸이 비슷하다는 것을 알았습니다. 마음속에 없는 말을 하지 못하고 꾸며내어서 남에게 좋게 보이려 하지 못하고, 사람을 많이 사랑하고 순수한 것이 닮았습니다. 그래서 느꼈던 씁쓸함 대신 그 애도 집사님처럼 잘 살 수 있으리라는 기대감이 생겼습니다.

인간에게 있는 네 가지 기질과 다섯 가지 사랑 언어를 알게 되면서 사람을 특히 내 딸을 많이 알게 되었습니다. 집사님을 만나면서 더욱 많이 알게 되었습니다. 다섯 가지 사랑 언어가 있는데 그것을 한번 찾아볼까요? 첫째, 누가 나에게 상처를 줄 때 그것이 무엇이었나? 그리고 내가 누구에게든 가장 많이 요구하는 것이 무엇인가? 마지막으로 내가 나의 사랑을 어떻게 표현하는가?를 찾으면 알 수 있다 합니다.

사랑의 표현 방법조차 이렇게 다른데 하물며 기질이겠습니까? 네

가지 기질은 크게 다혈질, 담즙질, 우울질 그리고 점액질로 나누는데 기질이 다름을 인정하면 다른 기질이 나쁜 것이 아니라 기질이 다른 것은 나와 다르다는 것을 인정하는 것이 아니겠습니까? 사실 우리는 타인이 나처럼 되기를 요구하는 경우가 얼마나 많은지요? 남녀 간의, 부부간의 다름과 차이를 인정하지 않고 나와 같게 되기를 요구한다면 얼마나 큰 갈등과 모순에 빠지게 되는지요?

집사님을 보면서 사랑이 많은 사람이어서 기뻤습니다. 겉으로 보면 여우처럼 예쁘고 사랑스러우나 사실은 곰처럼 처음과 끝이 같은 우직한 성품이잖아요. 집사님을 만나면서 내 마음속에 있는 딸에 대해 이렇게 했으면 저렇게 했으면 하는 내 주장을 좀 더 쉽게 내려놓을 수 있었습니다. 사실, 집사님과 내 딸을 분간 못할 때가 있었습니다. 그래서 이 만남을 주신 주님을 찬양합니다. 벌써 5, 6년 전인가요? 집사님이 싱가폴에 살고 있을 때 우리(딸과 내)가 찾아갔지요? 그때 내 생일을 기억하고 미역국과 손수 생일상을 차려주셔서 너무너무 감사했습니다. 그 미역국을 더욱 잊지 못하는 것은 그렇게 잔뜩 먹고 휴양지 빈탄(vintan)가는 배에서 멀미로 아주 힘들게 토해내야 했으니까요. 고생스러웠지만 돌이켜보면 정말 행복했던 순간이었습니다.

그리고 꼽으려면 집사님과 함께 한 여행입니다. 일본 오사카를 어린 아들, 은주와 함께 다녀오면서 역시 잊지 못할 만큼 좋았습니다. 그때 잘 모르는 외국 땅에서, 말도 통하지 않는 곳에서 잘 알지 못하는 음식을 눈치로 먹으며 생일을 축하해 주셔서 감사했습니다. 더구나 우린 몇 번이나 김장 투어를 함께 다녔지요? 어머니에게 김장을 담가드리려고 노력하는 모습이 참 보기에 좋았습니다. 연로하신 어머니에 대해 가진 좋은 기억으로 어머니를 잘 이해하려는 마음씨가 예뻤습니다. 그 선상에 제가 있지 않을까요? 이렇게 드러내놓고 말할 수 있고 그런 주님의 사랑을 서로 나눌 수 있어서 행복합니다. 그리고 지난번 뵈었을 때 집사님은 남편의 장점을 이야기했습니다. '이제 됐다. 하나님 보시기에 좋은 가정으로 세워졌다'고 속으로 생각했습니다. 자녀들에게 언제나 최선의 마음으로 가르치고 이끌어 주며 화목한 가정을 세우시는 집사님이 돋보였습니다. 더구나 미인엄마를 닮은 아들들은 잘생겼으며 집사님은 자기가 조금 희생해서 가족들이 행복할 수 있다면, 얼마든지 할 수 있는 분이신 것을.

인생은 결국 뿌린 대로 거둔다는 주님의 말씀대로입니다. 우리의 열매 맺는 삶을 위해 반드시 해야 하는 일 중의 하나라면… 내가 남을 위해 무언가를 할 수 있다는 것은 축복입니다. 인생의 의미는 열매에서 찾아지니까요. 열매는 나를 위해 맺지 않고 다른 사람들이 따 먹도록 맺히는 것이잖아요. 집사님에게 자연스레 맺히는 열매를 보며 집사님을 만나서 그리고 오랫동안 하나님이 맺어주신 믿음의 울타리 안에서 함께 호흡하며 살고 있어서 얼마나 좋은지 몰라요.

더욱이 안수집사님으로 임직 되신 걸 축하합니다. 이렇게 늘 주 안에서 주님과 함께 사실 수 있기를 소망합니다.

편지를 마무리하면서 제게 베풀어 주셨던 시간과 사랑에 감사를 드립니다. 무엇보다 병원에 같이 갈 사람이 없어서 애태울 때, 기꺼이 동행해주시고 많이 챙겨주셨습니다. 2011년부터 수술할 때마다 와 주셨고, 특히 유방암으로 고전을 면치 못하는 제게 따뜻한 위로와 사랑을 주신 것 감사합니다. 그때 많이 의지가 되어 고마웠습니다. 아주 많이 사랑합니다. 부족한 우리가 이 하루를 최고의 날로 만든다면, 매일매일 하나님의 선물로 받아들인다면, 비교적 기쁜 삶이 되지 않을까 묵상하며 함께 읽고 싶은 시 한 편을 드립니다. 감사합니다.

없는 것같이 얼었다가 녹았습니다
몸 속에 촛대 같은 물길 열리며
걷잡을 수 없는 지층 사이 사이
기어코 어제를 떠나보냈습니다

내미는 화사한 손 잡아요

벌판 헤치다 손톱마저 닳아
그림자에 휘둘려 날아가는
꾸부리고 있는 섣달그음
너무 깊고 어두운 내일은 미지수입니다

빈들에 바람은 춤추고

영혼의 바다가 가슴에서 출렁이며

현악기 줄을 맞추듯

눈물 한 자락 햇살 한 대접 설움 한 바가지

손금에 매달 수 있는 오늘은

신(神)이 내린 선물입니다

흑암의 이마에 닿아 잃어버려도

발이 선 다른 길처에 있어요

- '오늘은 선물이다'

3부

/

그림자 유희

벽 속의 산책

사모님, 겨울은 위력을 과시하듯 그 맹위를 떨치더니, 흐르는 시간 가운데 이제 차츰 조금씩 힘을 잃고 있습니다. 따스한 빛이 그립습니다. 봄이 오고 있는가 봅니다.

사모님을 처음 뵌 곳이 낯선 이방 땅, 워싱턴이었고
그때 사모님은 참 멋있는 분이셨습니다.
카리스마가 있고 영향력이 흘러넘치는 아름다운 분이셨습니다.
품격에서 우러나는 단아하고 귀티가 넘치는 분이셨습니다.
얼굴에서 묻어나는 단단한 실력도 엿보였습니다. 그래서 모두 사모님을 존경하고 좋아하게 되는 것이 아닌가라고 생각했습니다.
함께 세월을 보낼수록 사모님의 인테그리티(integrity, 겉 다르고 속 다르지 않은 일관된 진실성), 사모님의 한결같은 진정성을 더욱 좋아하게 되었습니다.

　남편을 먼저 떠나보낸 제게, 진심으로 다가와 손잡아 주시고 위로해 주셔서 참으로 감사했습니다. 특별히 사모님 댁에서 손수 베풀어 주셨던 파티를 잊을 수 없습니다. 열 분이 더 되는 포토맥 식구들을 다 불러서, 아픈 저를 위로하려 애썼던 사모님의 따뜻한 배려가 얼마나 돋보였는지요! 너무너무 감사했었던 그때를 잊을 수 없습니다.

　그렇게 사모님의 올곧은 삶은 언제나 빛났습니다.

　하지만 육신으로 살아내야 하는 우리는 예기치 못하는 큰 아픔을 겪게 됩니다. 장관님께서 그렇게 애지중지하시던 아내를 두고 어찌 홀연히 떠나실 수 있었을까요? 법무법인 대표로 해외 출장을 다녀오시자 몇날 못되어 그렇게 정정하시던 분께서 소천하셨다는 소식은 우리 모두를 경악하게 했습니다. 사모님은 오죽 통곡하셨을까요?

　그러나 주님의 능력으로 또한 우리는 아픔에서 벗어날 수 있다고 생각합니다. 제가 좋아하는 말씀을 사모님에게 드리고 싶어서 글을 씁니다.

　　내가 기도할 때에 기억하며 너희로 말미암아 감사하기를 그치지 아니하고 우리 주 예수 그리스도의 하나님, 영광의 아버지께서 지혜와 계시의 영을 너희에게 주사 하나님을 알게 하시고 너희 마음의 눈을 밝히사 그의 부르심의 소망이 무엇이며 성도 안에서 그 기업의 영광의 풍성함이 무엇이며 그의 힘의 위력으로 역사하심을 따라 믿는 우리에게 베푸신 능력의 지극히 크심이 어떠한 것을 너희로 알게 하시기를 구하노라(엡 1:16-19)

사모님, 자신의 힘이 아닌 주님께서 부어주시는 지혜와 계시의 영으로 하나님을 알아가시기를. 그래서 주님 주시는 사랑과 능력으로 다시 일어서시길 기도합니다. 저는 오늘 사모님께 너무너무 감사하다는 말하고 싶고, 사모님을 알고 지냈던 세월이 참으로 귀하다는 말을 올리고 싶었습니다. 감사와 함께 그리고 함께 슬퍼합니다.

한때 제 마음을 표현했지만, 남편을 졸지에 떠나보내신 작금의 사모님 심정으로 쓰인 시(詩) 한편을 올립니다.

길을 나선다
늘 다니던 길인데 거짓말같은 낯선 길이다
피에 젖어 쓰러진 잎들 위에
아름드리나무 뿌리째 뽑혔다

찬바람의 날개 타고
해거름에 없는 듯 밀려온다
가슴 속 불꽃 사라지지 않았는데

처음 만났을 때의 생생한 나팔꽃인데

거미줄 같은 생각 타고 내려온 머리

그러나 밋밋한 허리로

풀섶에 떨어진 빗발 쑤시며

은장도 어느 메에서 찾으려 한다

나는 숨죽여 울었다

가장 가까운 머리에서 가슴, 온몸으로

눈을 흡수하는 그대 아득한 손자국에

뺏겨, 가장 먼 길로 배회하고 있다

그로부터 이 산책 길에 들어섰다

벽 속에 길이 있는가

– '벽 속의 산책'

풀섶 풀잎사귀 귀로 앉아

감사편지를 더이상 쓰지 않은 채, 햇수가 몇 번 바뀌는 시간이 흘렀다. 그리고 나는 내게 감사하는가? 질문을 던졌다. 아무리 생각해도 감사하지 못하고 있었다. 왜일까? 왜 그러지 못할까? 냉혹하게 자신을 비판했던 시절이 떠올랐다.

어린 시절, 그 후 대부분 시간마저 -나는 별 볼 일 없는 자, 사랑받지 못한 자, 가치 없는 존재로 여겼었다. 그래서 사랑받기 위해 혹은 살아남기 위해 자신을 끊임없이 몰아세웠다. 무엇이든 잘못했거나 잘못하는 경우, 가차 없는 채찍질로 자신을 용서할 수 없었다. 그러니까 즐기고 놀지 못했다. 여유가 없었다. 완전히 시간 낭비로 보았기 때문이었다. 치열하게 열정적으로 살았다고 표현하면 오히려 적절하게 들릴까? 하지만 때로 어이없는 실수가 불쑥 튀어나오기조차 했다.

학창시절, 내가 무척 좋아했던 선생님의 시험시간에 백지를 낸 적이 있다. 여학생이 그 남자 선생님의 관심을 얼마나 받고 싶었으면 백지를 냈을까? 그러나 아무런 일이 일어나지 않았다. 내 성적만 0점으로 처리되었을 뿐. 그 부드러운 선생님의 관심을 끌지 못한 채.

인생의 굴곡을 넘어서서, 어린 시절의 나를 돌아보며 그동안 한 번도 쓰다듬어주지 못했던 나를 바라본다. 그렇다! 여유가 넘치는 한 남자의 사랑이 내게는 얼마나 소중했던가? 그를 만났을 때, 떠오른 생각이었다. '어쩜 저 사람은 이렇게 여유가 있을까?' 남편은 참으로 여유가 넘치는 사람이었다. 그렇게 좋은 사람이 나를 떠나자마자 다시 살 힘을 잃었다. 그래서 주님 앞에 하염없이 엎드렸다. 마냥 아픈 마음으로 4, 5년이 흘렀을 때, 성령께서 나를 터치하셔서 주님의 임재를 경험했다. 그때 쏟아 부어주셨던 주님의 사랑은 너무나 놀라워서 더이상 인간의 사랑을 갈구하지 않게 하셨다. 엄청난 주님의 사랑!! 아가페인 주님의 사랑! 나는 주님의 사랑 안에 잠겨, 남은 삶을 이나마 아름답고 조용하게 살아갈 수 있게 되었다.

그러므로 이제 자신에게 말할 수 있다.

"잘 살았어. 감사해. 너는 주님의 사랑 받는 자야.

감사하고 고마워.

내가 빌려 산 세월도,

내가 빌려 산 내 육신도,

내가 빌려 산 나의 공간도,

내가 빌려 산 시대와 어려운 환경조차

과분하고 너무너무 감사해"

그가 떠나고 홀로 남겨진 인생살이를 버티면서 어렵게 꾸려나가
던 계절의 시였다. 당시 내가 앉아있던 가장 낮은 자리인 풀섶, 풀잎
사귀의 가장 작은 부분으로 귀 같이 살았던 나의 자화상이 시로 태
어났다.

다리 지나 잎 지는 나무 밑에 섰을 때

지니고 다녔던 낮달

발밑에서 깨어지며 귀를 덮칩니다

발목을 부여잡은 엉겅퀴

돌 속에 스며들었습니다

그대 가문비나무라면

가랑잎은 발밑에서 서걱이는 소리로

산국은 하늘 끌어오는 노란 무더기로

기우는 햇살 받쳐들고 있습니다

산등성이 사이로 번져오는 물안개

가시에 찔리며

오래오래 나뭇가지 붙잡아주며

정수리에 들이붓는 새소리

올고 오며 내 이름을 부릅니다

풀섶 풀잎사귀 귀로 앉아

산간물 흔들며 오는 발자국 소리

넋 놓고 지는 잎 바라보고 있을 때

노랑부리저어새 오던 길로 되돌아 갑니다

– '풀섶 풀잎사귀 귀로 앉아'

원단 금식

　　　　불볕더위에 여봐란 듯 찾아오는 장마철이
다. 어지러운 것 같고 토할 것 같은 공기는 후덥지근해지고 더위는
더욱 붉은 발톱을 드러낸다. 이럴 때 피서 가는 것이 얼마나 근사한
가?라고 상상하지만, 물동이로 퍼붓는 물 위로 자동차를 끌고 가지
못하고 내리꽂는 빗속에 어디로든 떠나지 못하여 머물다 보면, 소강
상태를 보이는 장마 가운데 이토록 꼼짝없이 갇히게 된다. 더위에
갇힌 것처럼, 상황에 갇혀서 일어났던 내 일생을 되돌아본다.

　처음으로 떠오른 장면은 올케언니가 시집오는 날이었다. 초등학
교에 갓 입학한 나는 뒷방에서 혼자 큰소리로 교과서를 읽던 장면
이다.

　"영이, 바둑, 순이, 철수…"

　지금 생각해도 인정받기를 얼마나 갈망했으면, 시집온 새언니를

위해 남몰래 교과서를 읽고 있었을까?.

새엄마 밑에서 자란 나는 무엇이든 잘해야 했다. 그래야 조금이나마 인정을 받을 수 있었으니까. 존재의 가치를 증명해 보이고 싶었으니까. 그래서 시험에 떨어져 본 기억이 별로 없다. 공부만 줄곧하면 붙게 되는 것이 시험이다. '공부하는 것이 제일 쉽다.'라고 내가 말하는 이유다.

나는 누구일까? 이토록 짧은, 아니 길고 긴 인생을 어떻게 살아야 하는가? 내가 존재하는 이유는 무엇인가? 무엇 때문에 살아야 하는가? 조금 더 자란 청소년 시절, 인생이 허무하다고 느꼈던 내가 던진 질문이었다. 사춘기에 누구나 한 번씩 던지는 질문이다.

이 물음을 가슴에 품고 살았다. 인식의 문제를 마음 깊이 다루던 시절, 염세주의적 성향이 삶 속에 짙게 배어들었다. 동시에 조금 더 완벽해지고 싶었다. 상황이 여의치 않았으니까 인간관계는 제쳐두고 자신의 능력을 극대화하고 싶어서 기자 시험에 도전하기까지 여러 직업을 거쳤다. 그때 입사한 동화통신사 외신부에 나를 제외한 3명 모두 서울문리대 출신 여기자들이었다. 결혼 후에도 나의 무모한 도전은 계속되었다. 한국해외개발공사 개발부에서 힘들게 핵심 중추 역할을 맡은 것으로 드러났다. 일로써 내 가치를 증명해 보이고 싶었을까? 내 가치는 일이므로, 일로써 능력을 보여주고 싶은 욕망은 없었을까? '없어서는 안 되는 존재가 되려고' 했던 것이 아니었을까?

나를 찾아 떠나는 여행의 첫머리는 남편의 갑작스러운 죽음이었다. 삼성동 주택에 덩그러니 놓인 나는 집을 팔 수 없어서 강남금식기도원에 갔다. 금식하며 매달리는 내게 주님께서는 '홀로서기 하라'고 하셨다. 집이 팔리지 않아 기도원을 찾았는데 홀로서기 하라하신 주님께 삐쳤다. 섭섭했다. 하지만 그때부터 주님께서 본격적으로 개입하시기 시작하셨다. 강하게 홀로 서도록 하셨고 내가 누구인지 묻는 정체성 문제를 다루기 시작하셨다. 내가 누구인지 모르고, 다만 타인의 시선 가운데 살면서 끊임없이 인정과 사랑을 갈구했던 나를 내려놓게 하셨다. 그곳에서 내려오도록 하셨다. 그것은 내 중심주의에서 내려오기, 완벽할 수 없는 연약한 완벽주의에서 나를 풀어놓기, 끊임없는 두려움에서 한발 물러서기, 경쟁 구도가 아니라 인생의 모든 관점을 바꾸도록 생각의 틀을 깨기, 그리하여 가치관을 바꾸고 사물의 본질을 바로 보게 하기 등. 이렇게 급선회하며 변하게 하심으로 나를 찾는 여행을 떠나게 하셨다.

　새벽 시간에 오랫동안 주님 앞에 홀로 앉아있을 때, 시를 내게 선물로 주셨다. 주님의 사랑받는 자로서 내 속에 내가 알지 못하는 글꼴을 끌어내셨다. 자신을 찾아가는 길은 하나님을 알아가는 여정 가운데 비추어진 길을 따라가는 것이다. 내 힘으로 아등바등 살아야 했던 광야의 한복판에서 길을 내시는 주님이 찾아오시는 것이다. 사막 같은 세상에서 강물을 내시는 주님이 현존하심을 알아차리고 만나는 것이다. 뭔가 이루고 싶었던 강박관념에서 자신을 자유롭게 풀어주시고, 하나님의 사랑으로 우리의 가치를 재시는 거룩한 주님을 만나게 되면서 막다른 골목에 다다른 사람으로, 하나님 앞에 솔직한 모습으로—'나는 살 수 없어요'라고 고백할 때 내 갈등이 빚어지는 그곳에서 오히려 나를 찾게 해주셨다. 패러다임이 변하게 하시는 것이다.

그러고 보니, 하나님께서 온전하게 내 삶을 구름 기둥과 불기둥으로 이끌어 가시는 것이 아닌가! 공짜 선물로 받은 인생이 아닌가! 이미 주님께서 나의 의미가 되어 주신 게 아닌가! 아무것도 없는데 모든 것을 가진 자가 아닌가! 그리하여 주님께서 일구어 주시는 미래를 바라보며 하루하루 살아낼 수 있게 하시는게 아닌가?

그 주님 앞에 회개하고 돌이켜 서는 시간이 주어졌다. '혼자 살아도 주님 때문에, 살 수 있었다'라고 말하게 되기까지⋯ 좋으시고 선하신 그 주님 앞에 옷깃을 여미고 원단 금식으로 나갔던 시간이 이어지면서 나를 이만큼이나마 바꾸어주신 주님께 감사하다. 그 주님께 나아가며 크게 외치리라. 할렐루야, 주님 감사합니다!

나는 정월이면 앓습니다
허기진 정월 한 달
풍토병처럼 다스려지지 않는 깃불

몸겨누울 때마다

더 이상 드러눕고 싶지 않은

원초적 욕망에 시달립니다

시치미 떼고 거래하려 해도

거르지 않고 해마다

달려오는 새달

조금도 나아지지 않은 찌들은 말

저절로 굴러가는 헛바퀴

파리한 얼굴로 부딪치는 내일

낡은 부대에 그냥 담을 수 없습니다

뒹구는 잠 흔들어 일으켜

신 새벽 혼자 차지하는 눈밭에 걸어두면

흰 눈꽃 봉우리째 꾸어갑니다

- '원단(元旦) 금식'

그림자 유희(遊戲)

　　원장님, 무더운 여름날 6.25전쟁 발발 64
주년을 지나면서 나라와 민족뿐만 아니라 교회의 위기 앞에서 눈물
로 우리 죄를 회개하며 또 무너지는 가정과 다음 세대를 품고 하나
님의 도우심과 치유와 회복을 간구하는 믿음의 자리인 마리아 행전
에 참석하게 된 것은 원장님의 순수한 마음 때문입니다. 작년에 우
리가 동참했을 때 정원장을 알아보는 분이 있었고 에피소드가 몇 가
지나 되었습니다. 올해 원장님이 연락하실 때까지 잊고 있었는데,
생각해보니 이 어려운 국가의 위기에 나도 기도에 동참해야겠다는
마음이 들었습니다.

　생각해보니 한창 더울 때 피바다로 우리 강토를 덮는 전쟁이 일어
났고 피도 눈물도 없는 그 끔찍한 동족상잔의 막이 올랐더군요. 그
런 의미에서 상복을 연상하는 흰색 상의와 검정 하의 차림으로 모인

이천팔백(2800)여명의 여성들이 들고일어나 하나님께 도우심을 구하는 3일간의 기도 모임은 너무나 귀했습니다. 그 중심에 원장님같이 병원의 일정을 조정해서라도 참여한 분들의 헌신이 아름답습니다. 올해의 주제는 '거룩과 순결'이어서 더욱 우리가 깨끗하기를 추구하며 거룩하게 되기를 열망하는 것이 아니겠습니까?

원장님을 처음 만났을 때가 떠오릅니다. 그날 목사님의 안수기도를 받은 후 많이 회개하고 통곡하며 교회 바닥을 구르고 있는 저를 보셨습니다. 당시 원장님은 발가락이 부러져 그 원인치료가 되지 않아서 오랫동안 아팠고, 허리까지 무리가 되어서 '너는 예수를 믿어야겠다'라는 친구의 권유로 온누리교회를 왔었지요? 나는 빨리 낫게 하고픈 욕심이 생겨서 그 자리에서 죄의 문제를 끄집어냈습니다. 예수님의 보혈로 죄를 씻어야 병이 고쳐질 수 있다고 했던 것 같습니다. 그랬더니 6개월 정도 얼굴을 내비치지 않았습니다. 소위 도망가신 것입니다.

우리의 큐티(QT)나눔방에 모습을 드러낸 원장님은 딴 방법이 없다는 것을 아시고 다시 나타나신 것입니다. 그때부터 원장님을 위한 기도가 끊이지 않았습니다. 예수께서 무얼 해주시길 원하세요? 내가 물어보았을 때, "안 아픈 것"이라고 대답했습니다. 상식과 이성으로는 뼈가 붙지 않는 것과 그래서 몇 년씩 아픈 것을 받아들일 수 없습니다. 부러진 뼈가 붙는 자연적인 현상이 왜 내게 일어나지 않는가?라고 질문합니다. 의사들은 언제 발가락이 부러졌는지 모르고 딱히 치료할 방법도 없다 했습니다. 더구나 그 발가락은 발레리나가 혹 다쳐서 부러질 수 있지만, 보통사람들은 부러지지 않는 뼈라니까. 이성과 합리성으로는 초자연적 세계인 믿음의 세계에 발을 내디디지 못합니다. 그래서 원장님을 믿음의 세계로 초청한 것입니다. 우리 힘으로 안 되지만 주님의 능력으로 고쳐달라고 기도하면 고쳐주실 수 있음을 믿었습니다. 주님 앞에 서면 무엇보다 먼저 우리가 죄인임을 고백하게 됩니다. 따라서 죄가 씻긴 우리로서 주님의 도우심을 구할 수 있습니다. 그렇게 함께 한마음으로 기도할 때마다 조금씩 차도가 있었고 드디어 뼈가 붙도록 주님께서는 치유해주셔서 깨끗이 낫게 하셨습니다.

그럴 즈음 원장님이 제일 먼저 하신 일이 치과를 개원하는 것이었습니다. 그때까지는 아파서 언제 병원을 그만두게 될지 몰라 개원은 엄두를 내지 못했는데, 발가락이 나음과 거의 동시에 장소를 물색하고 병원을 열었습니다. 그리고 집사님의 믿음은 계속 자라서 성장하고 성숙했습니다. 우리 인간이 가진 존재의 두려움과 다른 존재와의 관계 속에서 나타나는 두려움을 서서히 극복하기 시작했습니다. 그리고 마침내 교회에서 안수집사님으로 세워지고, 비로소 남편의 믿음을 객관적으로 보았습니다. 차후 주님께서는 남편의 믿음에 진전을 이루시고, 지금은 교회의 기둥 같은 안수집사님으로 세워지셨습니다. 그렇게 아름답게 가정을 세워주신 주님을 찬양합니다.

돌이켜보면 주님께서 뜻을 두시고 집사님에게 한 가지씩 다루셔서 새로운 인생길을 걷게 하신 것 같습니다. 집사님께서는 먼저 정직의 문제로 시험하셨습니다. 세금을 많이 내더라도 투명하고 정직하게 신고하려고 했을 때, 오히려 불이익을 당할 뻔하지 않았습니까? 그 어려움을 통과하셔서 정말 투명한 사회를 만드는 빛으로써의 역할을 감당하고 계십니다. 더군다나 원장님의 장점은 다른 사람들을 이끄는 리더십입니다. 친하게 지낸 적이 없고 잘 기억하지 못하는 후배가 아픈 것을 아시고 친구들과 함께 병문안 가신 것을 알고 있습니다. 모임을 주선하시면 친구들이 잘 따르지요? 그 선한 영향력이 제게까지 미치고 있었습니다. 연말에 저를 위해 두 가정이 모여 저녁 만찬을 함께 했던 몇 번의 시간은 제 기억의 보물창고에 있습니다. 사람들을 이끄는 빛으로서의 집사님 소명이 아닐까요?

내 과거의 잊을 수 없었던 시간으로 거슬러 올라가면, 대상포진에 걸려 힘들어할 때였습니다. 머릿밑 이마에 무언가가 나고 아파서 (뇌에 이상이 생겼나보나 했어요)기도하는 가운데 대상포진이라는 병명을 알았음에도 불구하고 가까운 병원에서 미루던 신체검사를 했지요. 의사에게 그 말을 했을 때, 너무 앞서간다며 기다리라고만 했습니다. 머릿속이 아프니까 신경과에 가야 할지 신경외과에 가야 할지 어디로 가야 할지 몰라서 의사를 만나기 위해 병원에 갔다가 그런 답변을 듣고, 그냥 순 예배를 마치고 집에 돌아왔습니다. 오후에 때르르릉 울리는 전화벨 소리는 집사님에게서 온 전화였습니다. 전후 사정을 들으시더니 빨리 피부과로 가라고 하셔서, 즉시 동네 피부과를 갔다가 대상포진이라는 진단하에 처방을 받아들고 왔습니다. 금방 얼굴 1/4과 한쪽 눈썹이 완전히 물집에 노출되었지요. 대상포진은 치료가 빠를수록 잘 낫는 병인 것을 그때 알게 되었습니다. 그때 재빨리 치료하지 않았다면 눈에 문제가 생길 뻔했습니다. 피부과에서 먼저 안과에 의뢰했거든요. 그날부터 며칠 드러누워서 몹시 앓았습니다. 그래도 집사님 때문에 아픔을 견디면서 그 정도에서 멈췄다고 생각했습니다. 덕분에 감사하며 내가 살아난 이야기입니다.

그뿐 아니라 신앙 서적들을 기꺼이 선물하시고 제게도 만날 때마다 책을 주십니다. 어제는 존 스토트의 제자도를 사주셨습니다. 더군다나 정집사님, 제게 선물을 주셔서 어떻게 감사해야 할지 모르겠습니다. 생각해보면 참 많습니다. 여름이 시작될 즈음, 생각지도 못한 선글라스가 배달되었습니다. 작은 거라고 말하며 뭔가를 보내주셔서 많이 위로받고 있지만, 거꾸로 된 것 같습니다. 제가 드려야 할 것 같은데 집사님은 자꾸 나누어 주시네요. 감사합니다. 나중 된 사람이 먼저 된다는 말씀처럼 믿음의 본을 보이시는 집사님이 계셔서 나도 은혜를 놓치고 싶지 않습니다. 주님께 사로잡히길 소망하게 됩니다. 믿음의 진보를 이루는 일에 홀로 두지 않으시는 주님을 찬양합니다. 귀한 동역자를 보내주시는 주님을 경배합니다. 감사하며 사랑합니다.

삶의 현장에서 체험하리라 짐작하며 함께 나누기를 원하는 시'그림자 유희'를 드립니다. 개원하면서 최선을 다해 치료하고자 하는 현장에도 어김없이 악한 실체가 도사리고 있음을 체험하지 않습니까? 문화의 옷을 입고 혹은 시대정신이라는 말로 포장하며 현혹하는 실체 즉 시대를 장악하고 있는, 패러다임에 따라 보이지 않는 견고한 힘이 존재한다는 것을 체감하지 않아요? 상상을 넘어 환상의 세계가 실재화되고 가상 현실이 실제 현실을 무력화시키는 지경으로 우리를 몰아가는 현실입니다. 늘 간절하고 기쁜 마음으로 운명은 서로 연결된 관계가 아니라는 듯 마치 유령처럼 서로에게 의식되지도 않고 단지 그림자로 서로 얽힌 채 명멸하는 비대면의 유혹에 깊이 침윤되어가고 있지 않습니까? 동의하세요? 그래도 사회구성원으로서 열성과 진심을, 다하는 분들이 바로 살 떨리는 벼락의 길 찾아 헤매는 것인지 아닌지 모릅니다.

앞서 걷는 미니스커트 긴 머리카락 어깨 위에 상체를 올려놓는 나의 그림자, 그녀의 허벅지에 슬쩍 팔 밀어넣는다 훌쩍 두 배로 자란 그림자의 석양은 낮 붉히고 밤의 젖을 빨며 살찐 그가 말한다
　— 나는 없다 어디 있는가 찾아보라

불사조의 재와 같은 머리채 흔들며 모두 서툴고 활기찬 아침으로 돌아온다 이어폰 낀 학생들 만지며 뿌리 깊은 유혹의 노래 부르고 새장 속의 새

처럼 가두고픈 청년 따라가다 문득 고개 돌려 군중에게 허름한 자유 짓밟
게 한다 굴리고 싶은 바퀴들 수두룩하다

하늘 높이 끝없이 올라가며 비행기는 작아지다가 장난감 모형으로 줄
어들면서 땅 위로 끌려간다 착륙하려 내려오는 동안 커진 그림자 실체보
다 웃자라 납작 엎드린다

그림자의 운명과 내 운명은 연결되어 있다 서로
묶인 것을 알고 있는데 무엇이 두려운가 빈 활주로 녹슨 서풍에 떠밀려
끌려가지 않으려면 도망치는 것이 아니라면, 존재를 비출 빛

그림자 해체하는
살 떨리는 벼락의 길 찾아 헤맨다

– '그림자 유희(遊戱)'

9월이여 오라!(Come September!)

        그의 가슴을 뛰게 하는 말이었고 훗날 내 가슴에 사무치는 단어들로 자리매김하게 되었던 외침이라면! 어떨까? 우리가 다시 만나게 된 말이었고, 돌이켜보면 그에게 다시 친구가 될지 어떨지 묻는 엽서를 영국에서 내가 띄운 후-시간이 한참 지났지만, 엽서에 적힌 그 날, 9월에 귀국했다는 것은 기적과 같았어. 혼자서 깊이 아파하며 김포공항에 도착했을 때, '9월이 오면'이라고 외쳤던 그가 기다리고 있었어. 비행편도 알려주지 않았는데. 지금 생각해도 몰라, 물어보지 않았거든. 하루종일 기다렸든 아니든 어떻게 내가 내리는 비행기에서 나를 쳐다볼 수 있었는지? 그렇게 김포공항에서 눈으로 먼저 만난 우리는 기차를 타고 대구로 향했고, 나의 부모님이 기다리시는 대구역에서 그와 헤어졌어. 그를 그토록 사랑하게 되리라고 상상하지 못한 채…

그의 사랑은, 내가 기대하지 않았을 때, 너무나 순수했고 오히려 꾸밈없는 진심이 담겨있었을 뿐 아니라 남자다운 패기가 있었기 때문에 끌려 들어가지 않을 수 없었어. 그때부터 그가 고시 공부를 본격적으로 시작했고 서로 편지를 주고받았지. 이제 그 편지들 몇몇 소개 해야겠지? 우리 편지들은 내가 보낸 것, 그가 쓴 것 합하여 수백 통 일거야. 그중 한 작은 부분을.

1967. 11. 29
Saeng! 당신의 편지 반갑게 받았다오. 소상하게 적어 보낸 그곳 생활을 읽고 가끔 혼자 생각에 잠기곤 하지. 아무튼 즐겁고 보람 있는 나날이 되길 바라오.

이곳 서울은 온 가족이 별고(別故)없이 잘 지내고 있소. 앞마당에 짓기 시작한 건물(建物)도 이젠 거의 완성(完成)이 되어가고 있지.

연말이 가까이 오니 거리를 걷는 군상들의 걸음이 한층 빨라 진 것같이 느껴지누만. 아마 시간에 쫓기는 모양이지? 서울엔 벌써 크리스마스 카드들이 진열되기 시작했고 성급한 친구들은 확성기로 크리스마스 캐롤들을 틀어 제낀다오. 젊은이들의 마음은 벌써부터 흥분하기 시작하고 Saeng과 나의 마음에도 산타크로스 할아버지의 미소가 찾아들거야. 그렇지?

요사인 늘 학교 도서관에 나가고 있지. 아침 9시에 나갔다 저녁 9시면 돌아오는데 실제 책을 붙잡는 시간은 고작 7-8시간에 불과해.

그렇지만 건강엔 매우 유익하다오.

학교 오가며 느낀 몇 가지 서울의 뉴 모드(New Mode)에 대하여 이야기 할까? 우선 가장 눈에 띄는 특성은 스타킹이야! 옛날엔 살색과 똑같은 색깔의 스타킹을 거의 대부분 신더니 요사인 검은색, 파란색등 각가지 색깔이 등장하며 특히 살색과 같은 것도 여러 가지 무늬가 있는 것을 많이 신더군! 작년에 Saeng이 신었던 것과 같은 것 말이야. 스커트가 자꾸 올라가는 현상은 여전하지. 남자들 시선을 즐겁게 해주기 위해?

Saeng 오버코트 맞춘다 하더니 맞췄는지? 무슨 색깔인지? 아! 무슨 남자가 그렇게 사소한 일에 관심이 많느냐고? 그럼 미안, 미안.

요사이 집에 돌아오면 저녁에 독일어를 2시간씩 보고 있소. 대학 때 꽤 많이 배웠었는데 이젠 격변화도 다 까먹었소. 한심한 느낌이 들지만 계속 봐 나갈 작정이라오. 지금은 어렵지만 아무튼 어학은 계속 놓지 않고 하려고 노력한다오.

Saeng도 부지런히 공부하길 바라오. 그리고 전에 신문에 제임스 조이스(James Joyce)에 관한 문화기사가 실렸기에 읽었던 기억이 나는군. Saeng이 무척 좋아하지? 더브리너스(Dubliners), '젊은 예술가의 초상' 등등. 나중 것 읽어 본 적 있소? 옛날 집에 책이 있었는데 요즈음 읽어보려고 하니 통 보이질 않는구만. 다음에 만나면 제임스 조이스에 관해 이야기 해주오.

시험은 내년 3월경에 있을 예정이라나 아무튼 간단없이 노력하려 한다오. 똑같은 것을 암기하려고 하니 한심한 느낌이 드나 시험은 누가 많이 알고 있나보다 오히려 얼마나 잘 표현하는가 하는 기술이 문제이니 외울 수 밖에.

내 방은 옛날에 세들어 있던 방으로 옮겨서, 이젠 커다란 유리문을 통해 감나무가 서있는 모습이 참 멋있다오. 비록 잎은 다 떨어져가지만 앙상하게 남아있지만, 이제 곧 흰눈이 내려 하얗게 단장해주면 창문을 내다보는 것도 재미있는 정경일거요.

Saeng! 12월 초 올라오게 된다더니 정말 올라오게 되나? 한번 올라왔으면 좋겠어. 보고 싶어서 잘못하단 얼굴 잊어버리겠소. 그러면 다음에 또 소식 전할 때까지 잘 있어.

- 정룡

1968. 1. 29.

Saeng! 편지 사진 모두 잘 받았다오. 답장이 늦어서 화를 내고 있으리라 생각되는데 미안하오. 그간 세검정은 매우 혼란했었소. 무장공비들의 침입으로 전시를 방불케하는 삼엄한 경계하에 들어갔었소. 물론 집안은 다 무고하오. Saeng! 내 생일에 보내준 정성어린 선물 고마웠소. 색깔도 좋고 잘 맞는다고 어머니가 그러시더군. Saeng과 함께 보낼 수 없는 것이 매우 유감이었소. 해녕이 정길이 외 몇 명의 친구들이 집에 와서 즐거운 하루를 보냈다오.

내일이 설날. 오늘밤 잠을 자면 눈썹이 하얗게 된다는 이야기를 들은 적 있소? Saeng 당신이 치마저고리 곱게 차려입는 모습이 보고 싶소. 지금은 매우 고요한 밤이라오. 당신은 지금 무얼하고 있소? 벌써 꿈나라로? 아니면 내일 설 준비를 하고 있소? 정말 어릴 때 엄마 누나 모여 앉아 떡 빚는 것을 구경하던 일. 왜 그렇게 재미있던지 졸리운 눈을 비비며 앉아보던 생각이 지금도 잊혀지지 않는군. 아무튼 즐거운 설맞기를 바라오.

시험이 3월 경에 있을 것 같아 요사인 매우 바쁜 일과를 보내고 있소. 2월 내에 준비를 마쳐야 할 것이며 앞으로 좀더 시간을 아껴야 겠소. Saeng! 우리들이 빨리 만날 수 있기 위해서도 시험이 더 이상 늦추어지지 않았으면 좋겠소. 아무튼 최선을 다해보겠소.

그러면 다시 편지 할 때까지 안녕

– 룡

1968. 2. 18.

무슨 말을 어떻게 해야 할지 모르겠습니다. 잘 내려왔어요. 지금은 전등불도 없고, 별빛이 새하얗게 문틈으로 보이는 밤이에요. 룡에게 편지를 써야겠다는 생각하고 있었지요. 방금 시내를 나갔다 오는 길인데요.

룡, '우린 모두 상대방에게 무언가 줄 수 있다는 기대 속에서 사귀고 있지 않습니까? 다음 우리들이 만날 때에 좀 더 줄 수 있는 우리가 되도록 합시다'라고 김포공항 가도를 돌아 나오면서 느꼈다고 편지 하신 일 기억하세요? 저도 룡에게 무얼 줄 수 있나? 룡을 위해 할 수 있는 일이 무언가? 라고 생각하고 있었어요.

2월 16일 2시에 강재옥씨를 만났어요. 작은 아주머니와 희(囍)에서. 30분 후 작은 아주머니 돌아가시고 둘이서 5시 내가 맹호 기차 탈 때까지 이야기했어요. 몇 년이나 앞으로 만나지 못할테니까 하고요. 역까지 친절히 나오셨어요. 참 순진하고 예쁜 분이었어요. 앞으로도 서로 잘 이해하며 가까워지리라 느껴요. 그리고 약혼 축하 인사까지 해야겠네요. 대신해 주세요.

룡, 고단하시겠어요. 피로할 때 노래가 흘러나오는 방에서 소파에 파묻혀 한-시간을 보내면 얼마나 가뿐 해지겠어요? 몸조심을 해주셔요. 다음 편지할 때까지 안녕히.

- Saeng

1968. 3. 2.

Saeng! 봄의 따사로운 입김이 얼어붙었던 대지를 녹여주고 생의 힘찬 싹들이 딱딱한 지곡을 뚫고 솟아날 때도 머지않은 것 같소. 오늘 학교에 가니 몇 시간 전에 입학식을 끝마친 신입생(Freshman)들이 새로 지어입은 교복에 빛나는 금빛 마크들을 달고 학교 주위를 돌면서 자랑스러움과 하늘을 날듯이 부푼 희망을 안고 나오는 모습을 보고 어딘지 모르게 흐뭇함과 그들의 앞날에 자랑스러운 장래가 약속되길 기원하는 마음을 가져봤소.

Saeng! 오늘 이제 오는 23일이면 정식으로 형수님이 되실 강재 옥씨가 미국으로 떠났다오. 분홍색 코트에 참 아름다운 모습이었소. 매우 야무진 성격이라 생각했었는데 마지막으로 어머님의 손을 잡고는 눈물을 흘리며 돌아서는 것을 보고는 인지상정(人之常情)이라 애틋한 생각이 들더군. 공항을 나가서는 한번 뒤를 돌아보고는 다시 비행기에서 나오질 않았다오. 3년 전, Saeng이 떠날 때의 모습 또 재작년 9월 Saeng이 돌아오던 때 모습을 머릿속에 그려보며 그때도 오늘과 같이 화사하고 청명한 날이었다고 생각했다오. Saeng! 당신은 퍽이나 조용히 가고 또 조용히 돌아왔었지. 아무튼 김포공항 엘 나가면 그 당시의 Saeng의 모습을 그려보는 것도 나의 즐거움의 하나라오. 지금쯤 미스(Miss) 강은 동녘 하늘을 자꾸자꾸 날고 있겠지. 님을 보러. 이제 시험도 머지않아 다가올 것 같소. 늦어도 5월내지 6월엔 있을 것 같구료. 참 지겹도록 기다려지오. 뭐가 되던 끝장을 내버려야지 모든 일이 다 불투명한(ambivalent) 상태에 있다오. 금년엔 논문도 써야겠고 아무튼 시험만 합격하면, 하여야 할일, 하고 싶은 일들이 참으로 많다오.

Saeng! 봄은 여인들의 계절이라고 하죠. 파릇파릇 돋아나는 새싹들이 그 싱싱함을 자랑하듯 여인들도 그들의 발랄함이 한층 더 빛이 나는 계절이기 때문인 모양이지. Saeng에게도 이 봄, 힘과 아름다움을 가져다 줄 수 있는 봄이 되길 바라오. 이만 안녕.

– 당신의 룡이

1968. 6. 19.

아침에 일어나서부터 줄곧 이야기를 나누고 싶었어요. 오늘은 쌀쌀해진다든지 하늘에 흰 구름이 눈 부신다든지--그런데다 지금 읽고 있는 프랑스 혁명은 룡이 제게 편지 주셨을 때 이야기하신 거 있죠? 이박사의 영구가 다시 서울로 왔을 때, 프랑스 혁명 이야기를 하시면서 태양왕의 후손 루이(Louis)16세를 처형했던 불란서인-기억하세요? 사실 그때는 편지가 그런 말로만 채워져있었기 땜에 읽은 후에 무척 슬퍼졌던 기억이 나요.

룡, 안녕하세요? 오늘 아침 10시 조금 지나 서울 장거리전화 신청했다가 취소했어요. 룡과 대화를 무척 나누고 싶었지만 -아마 그냥 보고 싶다고 했을거에요-어머님, 형수 계시면 부끄럽다는 생각이 들었어요.

룡, 얼른 여름이 왔으면 좋겠어요. 그땐 룡을 만날테니까. 낙준씨께서 "무성한 갑생씨와 정룡이의 여름을 기대립니다."라는 이야기처럼. 뜨거운 여름은 룡, 당신이 없는 봄보다는 훨씬 나아요.

책상 앞에 앉아 계실 모습을 그립니다. 그리고 제게 웃음을 주는 당신을 봅니다. 너무 무리하지 마시고, 수면을 충분히 취하셔야 해요. 그럼 그때까지 안녕.

1969. 6. 29.

-달빛이 흘러 들어온다.

-달빛이 창 앞에 친 새파란 망에 부딪쳐 부서진다? -뭐라고 표현해야 좋을까? 지금 내 앞 창을 비추이는 저 새파란 빛을.- 오늘이 보름인 모양이지? 무던히도 둥그런 달이 비추이더군.

지금 막 돌아온 길이야. 오늘 집에서 아버님이 큰형수님과 꼬마들 그리고 어머님까지 모시고 차로 나오셨어. 운전면허증을 따신 기념으로 직접 운전(drive)하시고. 혼탁한 도회지에서만 자라온 어린 애들에겐 너무 아름답고 좋던 모양이지. 그 뙤약볕 아래서도 가재, 잠자리, 피리등을 잡으려 온종일 뛰어다니다 저녁이 다 되어서야 갔다오. 나도 나갔다가 안양에서 내려 목욕하고 지금 막 돌아온 길이라오. 조형도 서울 가고 혼자 이 밤을 지내게 되었네.

Saeng! 그제 당신의 편지 받았다오. 이런 조용한 곳에서 이렇게 아름다운 밤 당신과 오순도순 이야기를 나누며 같이 보낼 수 있다면 얼마나 좋을까, 아쉽군. 오늘이 꼭 한 달째. 그간 많은 책을 보았다 생각하나, 마음먹은 대로 되지 않아 걱정도 되었지만 지내놓고 보니 기쁘군. 가급적이면 시험 임박해서 상경할까 생각하고 있다오. 앞으로 두 달 힘닿는 데까지 싸워야지.

Saeng 당신의 편지 당신의 마음 모두 읽었다오. 괴롭지만 인내 이것이 지금 우리들에게 부여된 가장 적절한 어구인 것 같군. 뿌린 것만큼 거둘 수 있다는 신념엔 변동이 없다오. Saeng! 당신이 보고 싶다오, 정말. 이제부터 더위도 기승을 부리게 되었지. 이곳은 여름에도 더위를 모르고 지낼 것 같다오. 당신 몸조심하오. 무리하지 않길 바라오. 안녕.

- 당신의 룡이

우리는 우여곡절 끝에 1970년 봄에 결혼했다. 결혼 후에도 몇 차례 떨어져 살았을 때, 편지는 계속 우리를 이어주는 다리였다. 당시 해외연수가 있어도 가족을 동반할 수 없었고 본인 혼자만 갈 수 있었기 때문에. 국가의 외환 사정상 가족 동반은 일체 허락 되지않던 시절이었다. 결혼 후 그가 편지를 보낼 때마다 내가 제일 좋아했던 말이 있었다. 편지 말미에 그는 언제나 '당신의 남편이'라고 썼었다.

1987. 4. 5.
엊저녁에 내린 비로 우리 집 뒤뜰에 개나리와 벚꽃이 다 떨어진 것을 보니 포토맥 강변에 벚꽃도 다 져버린 게 아닌가 싶소. 여보! 아침에 당신과 통화를 하고 나니 내 마음도 한결 가벼워졌다오. 17일경 이곳으로 떠나겠다니 우선 반가운 마음 금할 수 없소.

- 중략

큰형님 내외분이 4월 20일경에 이곳으로 떠난다는데 어쨌든 그때 전후해서 다 한번 뵐 수 있을 것 같군. 은주가 공부를 아주 잘했군. 아무튼 이렇게 오래 떨어져 있는데도 당신과 은주의 안전과 건강을 지켜주시는 하나님께 항상 감사기도를 드리고 있다오.

그럼 오늘은 여기서 줄이겠소. 안녕.

- 당신의 남편 룡

1995. 1. 18.

그는 자기에게 맡겨진 국무에 몸을 쪼개어 헌신하다가 과로를 이기지 못하고 생사를 달리했었어. 그를 출근시키기 위해 대기한 차에 오르며 '당신을 과부로 만들지 않으려고 병원에 간다'는 마지막 말을 거꾸로 차 안에 남기고 홀연히 떠났어. 그 애통함을 달랠 길 없었던 나는 『당신은 나에게』라는 책을 쓰게 되었고 서거 1주기에 출판했었지. 죽음이 우리에게 다가올 때 남겨질 사람의 삶에서 많은 사소한 것들을 죽음은 송두리째 앗아간다는 것을 말하고 싶었어. 위의 편지에서도 보이는 사소한 것들을, 몽땅 잃는 일은 견디기 어려운 고통이었어. 그것들이 누군가를 얼마나 사랑했는지 입증해주기 때문일까? 아닌가? 누군가를 깊이 사랑한다는 것은 그 사람과 연관된 사소한 것과 그 사람이 소중하게 여겼던 것까지 가장 많이 알고 있다는 뜻이니까. 진정한 사랑은 큰 것들이 살짝 뒤섞이는 게 아니라 작은 것들과 마구 뒤섞이는 것이고 가슴 미어지도록 평범한 일들로 가득 찬 나날들로 채워져 있어. 9월이면 느끼는 슬픔은 자신이 사랑한 누군가의 죽음 이야기이며, 자신이 사랑한 누군가의 인생에 관한 이야기이지. 사랑이 결국 모든 아픔의 시작이며 끝이니까. 『당신은 나에게』라는 책을 통해 제대로 그를 이야기하려 했었어. 그가 어떤 사람인지, 얼마나 괜찮은 사람인지 내 기억이 망각에 완전히 매몰되기 전에.

그리고 그 슬픔을 퍼 나르는 많은 시를 쓰게 될 줄이야 어떻게 알 수 있었겠어? 슬픔의 궤적은 사랑하는 사람의 죽음에서 시작되어 살아있는 우리의 삶으로 돌아오니까. 그가 태어나서 감사하고 그와 나누었던 지나간 시간이 소중하고 그가 내 남편이었다는 사실에 너무 감사해.

그리고 그렇게 끊임없이 편지 끄트머리에 '당신의 남편'이라고 써준 그에게 무한히 감사해.

그대 떠나보냄은

진정 그대를 만나려 함이다

붙잡히지 않는 시간에 다다를 수 없어

찻잔에 물을 붓는다

넘치고 흐르는 물은 나를 지운다

탁자에 남게 될 물그림자

아름다움이 아니라면 이토록 내버려 두겠는가

죽은 그대 곁에 앉아

내 침묵이 아니라면 무슨 말로 그대 부를 것인가

우리는 아무도 모른다

진정 우리의 몫이 무엇이었는지

그대 떠나보냄은

다시 시작하려 함이다

한 번도 시도해본 적 없으므로

대지로 돌아가 재처럼 묻혔다

그리고 내 곁에 있는 죽음이여

방안의 등불이 켜지자 유리창에 걸려

어둑해진 바깥 나뭇가지에 매달리듯

두 세계는 하나가 되었다

등불이 유리창에 비칠 때처럼

그대와 더불어 사는 법을

마침내 그 날 내 영(靈)이 알게 되리라

- '그대 떠나보냄은'

또 하나의 못

　　　　오랜 세월이 묻어나도 조금도 변함없는 한
결같으신 목사님을 뵈며 감사를 드립니다. 30년이 넘나드는 세월입
니다. 처음 목사님과 워싱턴에서 한 구역 식구로 만난 것이 27년 전
이니까요.

　그 당시 우리 구역 식구를 감동케 했던 많은 것 중 한 가지를 꼽으
라면, 목사님은 성경을 꿰뚫고 계시고 온 교회를 가르치시지만 구역
예배에 오셔서는, 마치 아무것도 모르는 저희처럼 구역장의 예배 인
도를 잘 따르시는 모습이었어요. 그 겸손은 어디에서 오는 걸까요?

　사모님은 컴퓨터로 회자 되었어요. 주일, 교회 입구에 서 계셔서
인사하는데, 어떻게 그 주에 빠진 분들을 다 알 수 있었는지요?

　교회에 출석지 않는 주일이 지나면, 어김없이 주보가 우송되었
고, 한 번도 틀린 적 없는 사모님의 놀라운 능력이라고 말했습니다.

엊그제 시드(Seed) 선교의 밤에 이원상 목사님과 사모님 두 분을 뵈었을 때, 어쩌면 그렇게 조금도 달라지지 않은 모습이었는지 뵙기에 너무 좋았습니다. 목사님께 특별히 감사의 편지를 드리는 것은 은주 아빠가 목사님을 만나면서 비로소 말씀에 몰입하도록 이끌어주셨기 때문입니다. 워싱턴에서 그가 주님의 은혜를 깊이 실감했던 것 같았습니다. 그의 삶을 주님께서 온전히 만지신 듯했습니다. 담배를 끊은 것도 그 무렵이었습니다. 청량한 교회에서 담배 냄새를 풍기지 않으려고 씻고 뿌리고 닦는 노력을 하기보다 끊는 것이, 쉽겠다고 생각하고 끊었다고 했습니다. 귀국해서 일에 골몰하며 다시 피운 적 있지만, 소천하기 얼마 전에 완전히 바뀌어서 술, 담배에서 멀어지고, 말씀을 아주 가까이 두었으며 거듭난 사람의 신선한 모습을 보여주었습니다. 그러므로 그가 새로워지는 출발 선상에 목사님이 계시고, 목사님의 선한 영향력이라고 생각하고 있습니다.

참으로 감사합니다. 목사님…

제 이야기도 들려 드리겠습니다.

저는 교회 뜨락만 밟고 다니는 사람이었습니다. 기도를 정말 열심히 했습니다. 제가 온 힘을 다해 이루고 싶었던 모든 시도와 동기를 틀어잡고서 자기중심적인 사고를 버리지 않은 채. 그러니까 남편의 변화하는 모습이 신기하기까지 했고, 뭐 그렇게 믿을 건 뭐냐고 했던 생각을 주님은 한순간에 깨뜨려 주셨습니다. 남편의 소천은 제 자아를 깨트렸습니다.(그때 워싱턴에 계셨던 목사님께서 국제전화로 깊이 위로하며 기도해 주셨던 것을, 잊지 못하고 있습니다.) 그리하여 자신을 주님의 십자가에 못박았습니다. 그가 소천하고 4, 5년의 새벽기도를 드린 후 성령세례를 받게 하셨고, 새로운 일들이 샘솟듯 일어났습니다. 그중 하나가 시(詩)와의 만남입니다. 놀라운 은혜들이 계속되었고 하나님의 크신 오른손으로 하찮은 저를 구원해주셔서 주님의 펼치신 날개 아래, 주님의 사랑 안에서 지낼 수 있게 되었습니다.

그가 소천한 후 교회만 들락거리던 시절-주님 외에는 저를 잡아끄는 것이 없었습니다-뭘 먹고 사느냐고 걱정하는 이웃의 말도 들었습니다. 그러나 하나님은 덧입히시고, 먹이시고, 넘치도록 주시고 계십니다. 하나님의 은혜는 어찌 제가 말로 다 표현할 수 있겠습니까?

목사님을 만나게 하신 주님을 찬양합니다.

딸과 둘이서 남편과 함께 살았던 과거로의 추억 여행인 워싱턴을 찾았을 때, 목사님과 사모님이 저희에게 베풀어 주셨던 사랑과 편의를 잊지 못하고 있습니다. 은주가 무난히 재수를 끝내고 막 대학에 입학하려는 때였습니다. 입학 전에 무턱대고 우리 가족이 함께 기쁘게 살았던 워싱턴을 찾고 싶어서, 찾았던 거기에 따뜻한 두 분의 배려가 있어서 과거로의 여행을 잘 마칠 수 있었습니다.

그래서 더욱 감사합니다.

목사님 제 시를 보면 아시겠지만,

제 속의 악함도, 세상살이도 소용돌이치고 있습니다.

그러나 한편 주님께서 꿈을 주십니다. 선한 주님의 영향력을 퍼트릴 수 있도록 살아내야 하는 명제입니다.

이 계절만 되면 벚꽃이 피어올라 세상을 환하게 밝히듯 목사님을 뵙는 우리가 기쁘고 행복합니다. 벚꽃이 피어 봄이 왔다고 소리쳐 말하는 이 계절에 시드(Seed)선교회 일로 목사님을 뵙는 것이 기대됩니다. 고맙습니다. 늘 강건하시길 기도합니다. 아직 저의 속에 깃들어있는 죄를 고백하는 시 한 편을 덧붙입니다.

새 옷을 걸쳤더니

곁가지로 뻗어 팔락거리는 부리

땅에 발이 닿지 않는다

누구든지 만나면 아른 채 한다

바람이 불고 구름 몰려와 비가 왔다

검은 비 피하지 못하여

못에 찔린 듯 딱딱해지는 발걸음

나의 시편을 읽었다

다도해 앞바다 어디쯤 헤매고 있는지

멀리 떠도는 섬 하나

바다의 닻줄에 감겨

어느 물마루도 건너뛰지 못한다

시의 살에 패여 뒤척였다

피지 못한 풀꽃처럼 뽑혀져야 할

내가 못이었다

– '또 하나의 못'

울어라 한반도여!

충선아, 네가 살고 있고 그래서 널 만나기 위해 그리고 그 나라가 어떤 나라인지 알고 싶어서 찾아갔던 일은 참 잘한 것 같네. 9일이란 짧지 않은 기간 동안 네가 많이 수고하고 힘들었지만, 나름 우리나라를 새롭게 조망할 수 있어서 좋았거든. 엊그제 3.1절 맞아 태극기를 계양하면서, 문득 우리의 역사와 우리나라 생각에 한참 머물렀어. 아마 네가 삶을 사는 인도네시아에 다녀와서 더 그랬던지 몰라. 사실 유구한 세월 동안 중국이 우리를 먹으려고 했지만, 우리 선조들이 잘 버텨내었고, 내선일치를 부르짖으며 우리를 말살하려는 일본의 식민통치도 잘 벗어나서 이제 떳떳한 대한민국 국민으로 살 수 있다는 게 정말 감사해. 물론 지금 우리가 처한 분단된 조국에 대하여 할 일이 널브러져 있고 완전히 평안하지 못하여 참으로 참으로 많이 고통하지만…

이 여행을 통해 내가 뜻깊게 느낀 점, 몇 가지 우선 말해볼까?

첫째. 네 집에서 일하고 있는 번반뚜(도우미)에 대해서.

예쁘장하고 눈이 초롱초롱한 21살의 자그마한 그 애는 무슨 생각을 하며 살까? 순종적이며 조용한 그 애를 일깨우기 위해 우리 둘만 집에 있던 날, 말이 통하지 않아서 종이와 볼펜을 가져와 자기 이름을 적어보라고 했지. DEVI라고 영어로 적어서 나는 깜짝 놀랐어. 이슬람이면 으레 날아가는 글씨 아랍어로 쓸 줄 알았거든. 다시 내가 학교에서 뭘 어떻게 쓰는 거야?라고 영어로 쓰고 인도네시아 말로 써보라 했더니 영어 필체로 또박또박 쓰잖아. 나중에 네게 보여줬더니 너는 다 맞게 썼다고 했었어. 국토가 넓고 자원이 풍부한 나라지만 자기 나라 글씨가 없다는 거잖아. 그러니까 우리나라에 한글이 있다는 사실과 더더욱 가장 과학적이고 멋있는 한글이 얼마나 자랑스러웠는지 몰라. 이렇게 아기자기한 한글이 없었더라면 우린 어떻게 되었을까? 새삼스럽게 한글뿐 아니라 백성을 위해 이 글을 창제하신 세종대왕께서 얼마나 위대한 분인지 우린 깊이 생각해 본 적이 있을까?

둘째. 네 집에서 일하고 있는 운전기사에 대하여.

3년째 그곳에서 섬기고 있는 네 집의 운전기사에 대해 넌 말했었지. 자기 큰딸이 시집갈 때 그 비용을 네게 빌려 간 그가 둘째 딸을 결혼시킨다면서 더 큰 비용을 꾸어달라고 했다고? 우리나라에서 고교 영어교사로 오래 근무했던 너는 영어 스펠로 읽는 방법을 터득하고 인도네시아어를 3개월 배운 뒤 의사소통에 문제가 없었기 때문에 기사를 불러 우리는 그렇게 큰 부자가 아니라고 말했다면서?

그 이야기를 들으며 70년대에 우리나라에 와 있던 미국 사람을 떠올렸어. 그때 우리는 미국 사람이라면 다 부자인 줄 알았었지. 우리나라의 값싼 노동력 때문에 그들은 식모를 두고 기사를 부리며 살았기 때문에, 지금 인도네시아에 있는 한국 사람이 가사도우미와 기사를 고용하는 것이나 별반 다름이 없다는 생각이 들었어. 우리가 과거에 그렇게 생각했듯, 지금 그들이 그렇게 느끼는 것이나 별 차이점이 없잖아? 그런데 다른 점은 네가 말했듯, 일부러 나오게 해서 주말 수당을 따로 주는데, 그것을 모은다면 충분히 딸 혼사준비를 할 수 있을 텐데라며 아쉬워했지. 가난할 당시의 우리나라 사람처럼 열심히 저축하며 장래 일을 계획하지 못한다는 것이 안타깝다고 네가 말했던 것이 기억나네.

셋째. 빈부격차에 대하여.

어느 나라건 빈부격차가 없을 수 없겠으나 그 나라만큼 심할까? 라는 의문표를 지울 수 없네. 부촌에 자리 잡은 너희 아파트에서 내려다보면 둘째 부인을 위한 집이라는 어느 중국인의 집 크기는 스무 칸이 넘을 만큼 어마어마했지. 부자들은 대문부터 자기 집을 특별히 꾸미고 멋들어지게 하려고 고용한 수많은, 정원사들이 눈에 띄었어. 더구나 자꾸 더 지어진다는 몰(Mall)을 볼 때 그런 마음이 더 들었어. 하루 종일 더위를 피해 몰에서 놀고먹는 주민들도 많이 눈에 띠었어.

암튼 이번 여행 내내 나를 끌어당겼던 진실은, 그래도 우리나라가 참 좋은 나라며 내가 대한민국 국민이라는 사실이 너무 좋아지는 것. 비유로 말하자면 예수를 믿는다는 것은 내가 예수님께 속한 하늘나라 백성이 되는 것과 다름없어. 다른 나라에 가면 내가 누군지 자연히 드러나듯, 한국인의 정체성을 지닌 것처럼, 하늘 백성의 기준(canon)을 가지고 사는 거지. 인간이 지닌 죄성을 드러내었던 부끄러운 내 인품이 어느 날 네게 들통이 났지만… 충선아! 내 기억 속에 초등학생으로 남아있는 네가 벌써 어른이 되고 게다가 멋진 어른이 되어 슬하에 삼 남매를 두고 있다는 것이 대견할 뿐이야. 더구나 네 딸 지민이와 함께 여행하게 되어 기뻤어. 돌아오는 비행기에서 지민이가 말했어. 너와 내가–우린 꽤 자주–이야기하고 있는 걸 목격하고 '우리 엄마가 소녀처럼 보였어요.'라고.

처음 포항의 너희 집을 방문했을 때, 한 벽면을 차지하고 있는 책꽂이에서 활과 리라(옥타비오 파스). 기형도 전집 다른 시집들, 많은 영미 시집을 발견했을 때부터 너에 대한 내 생각은 넌 시를 쓸 수 있겠다 싶었다. 그래서 네가 시인이 되기를 희망했었지. 사실 네게 말했듯 나의 어머니, 네 외할머니는 일찍 세상을 떠나셨지만, 사후에 남기신 글들이 쏟아져 나와서 모두 불에 태웠다고 들었다. 우리 어머니가 글 쓰셨고 너의 엄마가 글쓰기를 좋아하고 나는 어쩌다가 시인이라는 소릴 듣고 사니까, 골육(kinswoman) 곧 핏줄로 말하면 너와 미향이가 글쓰기를 타고났다고 할 수 있지. 곧잘 시를 써오던 네가 인도네시아로 떠나고 그곳에서 그림을 그리고 있었기 때문에 너에 대한 내 욕심도 버려야겠지? 네 그림은 참 좋네. 그림도 자기표현이며 끝없는 실현이라면, 만만치 않겠지만 그저 그림 그리는데, 열중해야 하지 않을까 싶네. 머지않아 네 그림이 탐나서 달라고 할 것 같아.

네 딸 지민이와의 여행이 뜻깊었다. 그 애를 좀 더 알게 되었는데 로스쿨에 다니지만, 아직 어린애라면 이해되겠니? 머리로는 알지만 실제로 알지 못하는 나이, 세상을 꿰뚫을 것 같은 예지가 있지만, 아직 체험되지 않은 젊은 피가 흐르고 있어. 마치 한 폭의 맑고 투명한 수채화 같은 나이, 그래서 엄마라면 정답고 어떤 실수도 용서받을 수 있다고 생각하면서 다시 시작할 수 있는 아직 엄마가 고픈 나이… 지민이는 "집밥이 먹고 싶어서"라는 이유로 그 먼 길을 간다며 웃었다. 우린 많은 얘길 나눴는데 지민이가 똑똑하고 자기 공부를 알아서 잘하고 있다는 생각이 들었고 참 대견했어.

너희 집에 기거할 동안 내게 즐거움을 주었던 또 다른 한 가지는 너의 많은 책들이었어. 읽고 싶은 책들이 많았고 시간이 모자랐거든. 그곳의 여름 장마철 같은 후덥지근한 우기를 이기기에는 딱 좋은 책들… 습기 품은 그곳 열기 때문에 금방 몸은 힘들고 축 처져서 스트레칭 같은 운동조차 할 수 없었지만, 사방의 푸른 나무와 꽃들 때문에 기쁘게 견딜 수 있었던 것처럼. 이 여행은 한국의 겨울 속에서 반짝 여름나기가 되었어. 네게 감사한 것은 내가 가겠다고 했을 때, 말없이 받아들이고 또 내가 체류할 동안 세심한 배려로 편하게 집같이 지내다 올 수 있게 한 것! 감사해. 지금도 너를 생각하면 식탁에 차려놓은 예쁜 그릇들이야. 식탁을 치장한 네 솜씨도 칭찬해야겠지. 그림 그리는 일에도 주님께서, 함께 하시기를 기도한다. 감사를 담아서.

후덥지근한 날, 집에서 혼자 네 책꽂이를 뒤지다가 만나게 된, 네가 좋아한다는 러디어드 키플링의 시 만일(if)도 좋지만, 우리나라의 안타까운 현실, 작금의 우리나라 현실 때문에 울면서 쓰지 않을 수 없는 시, 우리 민족이라면 가진 슬픔을 소중한 너와 함께 나누고 싶다.

하늘이 먼저 펑펑 울었다
하나의 땅
하나의 민족 위에
철조망은 하늘조차 찢어놓고
전쟁의 장꼬대는 이어진다
싸늘한 시간 속에 갇혀버린 산하
눈물이 마른 노래
걸고 탈북 시도하다가
잡혀가는 아이들, 부녀자들

날개 찢긴 채 타국 떠돌며 헤매는 동무들

언어는 이와 같이 녹슬어간다

어둠이 짙게 깔려

지척을 분간할 수 없는 임진각

눈먼 평화누리공원 신화(神火)가 보이고

는개는 우리들 흘러내리는 마음이었다

빗물에 젖은 기도 소리

멀리 날다가 철조망에 걸리고

날다가 이슬 맺히는 풀잎에 내리고

어디쯤인가 매만질 수 없는 비명(碑銘) 우상이다

하나의 땅

하나의 민족 위에

하늘이 먼저 펑펑 울었다

- '울어라 한반도여!'

2013. 7. 4. 늦은 7시40분 임진각에서

　　교회가 한마음으로 나라와 민족을 위한 기도회를 할 때, 비가 억수로 쏟아졌어. 하지만 하나같이 흰색 상의에 흰 우의를 입고 모인 1만여명이 넘는 사람들을 상상할 수 있겠니? 그러나 울기만 해서는 안 되겠지? 주님께서 주시는 미래가 보이지 않잖아. 고심하면서 쓰게 되었어. 우리의 현실을 넘어서는 일이 있기를 바라면서…

다 져버린 벚꽃나무 그림 아래

아직 처녀인 여자가 귀에 이어폰 꽂고

핸드폰 만지고 있다 한나절 기울도록 허리 앓고 있는

이 여자에게 살갑게 인사하는 이 없다

여자의 품에 새 한 마리 살고 있다

사랑하며 좋다고 두 손 맞잡아 너무 조이고

있으면 죽을지도 모르고

그렇다고 마냥 느슨하게 풀어주면

포르릉 날아가버릴 수 있는 따오기

우리는 모두 아픔을 참다 암병동으로 왔다

의사는 헤아릴 수 없는 검사 지시할 뿐

비슷한 말 늘어놓을 뿐

이렇게 오래된 병명 아직 모른다 고칠 수 없다

아무에게 들키지 않은 채로

휠체어 밀고 있는 여자 위로

우리들의 머리 위로

날아가며 따오기 그 가슴에 맺힌 노래 부르고

또 마음껏 불러보고 싶지 않으리

– '노래하리라 한반도여!'

사이, 머리와 가슴

　　20대에 내가 몰두했던 것은 인식(認識)이었다. 너무나 알고 싶었다. 인생을 인식하고자 노력했고, 그렇게 애달픈 한순간 뻥 뚫리는 느낌과 함께 '인생이 이것이다' 깨달았다고 생각했다. 애늙은이가 되는 순간이었다. 그러나 나와 인생이 하나라고 느낀 순간에 괴리가 생기고 사이가 생기고 오히려 뻔한 인생이 달라지고 닳아지기 시작했다. 내 손 안에서 삶이 좌지우지될 수 있다, 생각하는 순간부터 그렇게 되지 않았다. 될 리 없었다. 너무나 만만찮은 삶 가운데 여하튼 사이를 접고 몸으로 부딪쳐갔다. 그리고 삶은 인식했던 것보다 훨씬 무거웠다. 힘들었다. 곰곰이 생각해보면 그것은 내가 모르고 간과했었던 많은 것들 때문이었다. 이해가 많이 모자라서, 존재하는 모든 것들은 소멸로 나아간다는 사실조차 눈치채지 못했다. 그렇게 모르고 놓쳤던 것 중 하나는 변화였다. "변화 –

모든 사물은 끊임없이 변하고 내 몸도 마음도 한자리에 머물지 않는다는 사실". 변화를 슬퍼하기만 했지 받아들이기 어려웠고 받아들이지 못했다. 만약, 그때 시를 썼다면, 몽환적이고 이상하며 난해한 시를 즐겼을 것이다. 그러나 삶을 몸으로 체득하고 이제 70이 훨씬 지나서 나의 예지는 꺾이고 내 표지는 변화를 거듭하고 내가 변함으로 시(詩)마저 달리 말할 수 있게 되었다.

시가 무엇인지 모를 때, 어린 나는 푸쉬킨의 '세월이 그대를 속일지라도 슬퍼하거나 노여워하지 말라'라는 경구같은 시를 참 좋아했었다. 왠지 슬퍼하지 않아도 노여워하지 않아도 될 것 같았기 때문이었다. 우리 마음이 정화되고 위로받으며 조금 더 따뜻해지도록 시는 시적 계시를 통해 본래의 우리로 복귀시키는 길인지 모른다. 또 시의 길인지 모른다. 이제 정말 슬퍼하거나 노여워하지 않을 나이가 되어서, 더구나 시를 쓰게 된 나도 누군가에게 그런 말 한마디쯤 하고 싶어졌다. 인생은 고통을 통과함으로 깊어지고 넓어져서 새로운 세상이 열리게 된다고… 젊은 시절 내가 다 알 것 같았던, 이리저리 될 수 있을 것 같았던 인생을 살아보니까, 생각보다 달라도 많이 달랐다. 그래서 알았다. 몸으로 살아내야만 완성되는 인생이라는 것을. 마지막 순간까지, 완성을 향해 나가야 하는 길인 것을. 내 멋대로, 내 생각대로, 내 의지대로 멈출 수 없다!

시간을 내가 좌지우지할 수 없다. 시간은 내 것이 아니다. 마찬가지로 몸뚱어리가 내 것이 아니라면 나는 누구인가? 나에 대한 다른 사람의 평가가 나인가? 그런가? 그리고 오래도록 생각한다. 그것이 답이 아니라면 '나는 어떻게 할 것 인가?'외 다른 대안이 없다. 초점이 그렇게 맞춰지니까 내가 가진 모든 것을 내려놓아야만 했다. – 스스로 내려놓지 않아도 자동적으로 내려놓아야 할 때가 올 테니까. 내가 가진 것들이 참 많다. 천천히 그리고 의지적으로 자신으로, 충만한 자기 자신으로 되돌아갈 수 있기 위해서. 그렇지 않으면 뺏겼다고 혹은 뺏긴다고 투덜거리거나 우기기 때문이다. 그러나 한편 모든 것이 끝나는 시점이 오면, 가지는 것이 정말 아무것도 없을까? 영원한 것은 없는가? 나그네로 오늘을 사는 우리에게 영원히 남는 것은 무엇인가?

나이가 차고 나서야 겨우 알았다. 말을 따뜻하게 할 수 있는 일조차 얼마나 어려운 일인지! 지계석을 향해 끊임없이 움직이는 우리가 지향하는 길이 언어를 정화시켜야 하는 먼 길이라는 사실마저 두렵다. 언제까지 먼길을 돌고 돌고 헤매고 다니기만 할 것인가? 그럴 것인가? 그러고 싶지 않다. 우리에게 남겨진 영원한 것을 붙들고 싶다. 그리움, 입맞춤으로 표현하는 사랑이 그것이 아닐까? 사랑은 남아서, 남은 자를 일으키기도 하고, 타자에게 영원을 선물하기도 한다. 그러므로 남은 시간을 사랑에게 몽땅 드리고 싶다. 풀 한 포기에 이르기까지. 그래서 나의 사랑의 원천이신 분에게 드리고 싶다. 감사하다 참으로 감사하다 되새기면서. 그러나 내 가슴은 알고 있다. 그마저 내 힘으로, 안된다는 사실을. 인생의 막바지에서 알게 된 것은

내 힘을 빼내야 하는 일이다. 평생 나라고 붙들고 있었던 나를 통째
로 내려놓는 일이다.

그토록 먼 길인 줄 몰랐습니다

돌아보면 그 옛날 떠났다 생각했던

그 길 어디쯤 맴돌고 있는지

지계석(地界石)마저 보이지 않는 모래폭풍에 지레 겁먹고

길이 끝나는 자리에 서 있는 선인장들 고인돌로 보이는지

일생을 걷고 걸어도 아직 물음표처럼 떠돌고 있습니다

돌아보면 한 마장 되지 않은 여름 풀섶에서

구겨지지 않는 새소리 부여잡고

두어 마장 걸어나와 손에 묻어나는 가을산

손에 움켜쥘 줄 알았습니다

그로부터 세상은 모르는 것들로 가득했습니다

진흙뿐인 내 몸뚱이 머리로 알아차리고

가슴 속 따뜻한 불에 데우려고 내려오는 길

이토록 먼 길인 줄 몰랐습니다

숨 죄는 고문입니다

물구나무 세우는 일로

부릅뜬 바퀴 굴리고 싶은데

빈손으로 돌아와 반달로 높이 뜰 수 있는 길

부글거리는 내 언어를 정화시키는 길

이렇게 하염없이 먼 길인 줄 몰랐습니다

– '사이, 머리와 가슴'

비로소 물결을 노래한다

현정아, 어느덧 오월의 막바지에서 유월로 넘어가는 시간이 되었구나. 꼭 너를 빼닮은 청춘처럼 가슴 뛰는 계절이기도 하여 파우스트의 처절한 외침이 들리는 시간이기도 하고.

"폭동의 심장을 가졌던, 그날들을 내게 돌려 달라. 환희가 너무 깊어서 고통스러웠던 시절, 증오의 힘 그리고 사랑의 동요-아, 내게 내 젊음을 다시 돌려 달라."

이렇게 폭동의 심장을 가진 너는 사법 고시를, 합격한 후 네 젊음의 한 토막을 사법연수원에서 보내게 되었구나. 폭동의 심장으로 견디기 힘들겠지만 한편 그것이 또한 얼마나 감사한지 아니? 주체할 수 없는 젊음을 길들이고, 사자의 심장을 잘 가꾸어 간다면 멀지 않은 앞날에 향기로운 초여름 6월이 오고 먹구름이 몰려오더라도, 아름다운 하늘, 꽃, 숲, 산들거리는 바람을 느끼며 '아, 인생은 아름다워'라고 노래할 수 있을 테니까.

자기 인생을 길들이지 못하면, 결국 터질 것같은 젊음에 고삐를 틀어 잡히고 그가 원하는 대로 딸려가다가 엉뚱하게 감옥 같은 어두운 길로 접어들 수도 있거든. 다만 지금 자기가 당하는 일이 일생의 밑거름이 되는 일이라면 뿌듯이, 기쁘게 그 일을 감당해야겠지. 그런 의미에서 꿈과 희망을 고통과 함께 안겨주는 연수원 생활은 네 삶에 자유를 주는 날개가 됨과 동시에 새로운 사명을 주는 힘이 아닐까?

축하해! 어떤 말로도 표현할 수 없는 축복과 축하를 보낸다.

무슨 일을 하게 될 때, 지금은 받아들여지지 않을 수 있다는 걸 알지? 그러나 때가 되면, 누군가가 인정하게 되는 아주 진실하고 아름다운 방법일 수 있을 테니까. 네가 연극동아리에서 열렬히 활동하는 것을, 보며 떠올랐던 말을 네게 다시 들려주고 싶었어. '진실이 훤히 들여다보이는 아름다운 방법'으로 사는 길을 가면 얼마나 좋을까? 사법연수원 생활이 이제 막 시작되었고 그렇게 꿈을 꾸며 진지하게 생각해보면 좋겠어. 네가 연극에 빠졌던 시절처럼 삶에 새로운 길 많은, 사람들과 기쁘게 사는 길 그리고 아름다움을 노래할 수 있는 길이라면 참으로 좋겠지.

현정아 사랑한다.

너를 보면서 연수원 생활이 또한 얼마나 힘 드는지 알 것 같고 그래서 안쓰러운 마음을 금치 못하겠어. 나도 어렵게 청춘을 꾸려갔었지, 너처럼. 청춘은 모두 다 어려운 것이 아닐까? 더구나 아무도 응원하지 않은 형편이라면? 오로지 열정으로 자기 힘을 다해 꾸려가야 한다면 그렇지 않니? 그것이 오늘 내가 네게 작은 힘이라도 되어주고 싶은 이유란다. 고통스럽고 어려운 시절의 고난이 만들어내는 긍정적인 이유 중 한 마디는 바로 타인의 이와 같은 고통을 공감할 수 있다는 거야.

인생의 전반전에 주시는 고통은 의미가 있다고 생각해. '젊을 때 고생은 사서도 한다'라는 말이 있잖니? 어렵고 힘든 과정을 겪은 사람은 그에게 하나의 시스템(system)이 생기는 거야. 그것은 바로 자신의 고유한 '절차의 힘'을 가지는 것이며, 자신의 몸에 붙은 생활습관으로 자리 잡아 최고의 경쟁력을 갖추게 하는 동시에 자신을 계속 성장시키거든.

현정아-그래서 너의 연수원 생활은 중요하고 필요한 절차라는 것이지. 사랑하는 현정아, 청춘이어서 좋고, 그런 청춘이기 때문에 어려움마저 기쁘게 감당할 수 있다고 기억해.

6월이면 나는 국립현충원에 간단다. 국가를 자기 몸처럼 사랑한 내 남편이 거기 있잖니! 그곳은 언제나 삶의 끝자락을 생각하게 만들지. 누구나 맞이하게 되는 죽음. 네게 생소하게 들릴지 모르지만, 삶이란 죽음을 향해 한 걸음씩 발자국을 뗄 때마다 소멸해 가는 길이며, 우리는 그 과정에서 사람들을 만나고 그 끈의 어느 선상에서 사랑을 나눈단다. 그를 통해 내가 달라지듯, 너를 통해 세상이 아름다워지는 꿈을 꾼다면 얼마나 가슴 뛰는 일이 될까!

너를 향해 내 마음이 뛰는 까닭도 네가 만들어나갈 멋진 미래가 아닐까? 아무튼, 네게 감사해. 나를 설레게 하고 허술한 공복을 달래줄 네가 수석처럼 네 인생을 노래할 수 있으리라고 생각하니까. 네 꿈이 탄탄히 자리를 잡아가도록 마침내 네게 일어날 모든 물결을 노래하는 멋진 그림이 그려지기를 응원한다. 온 마음으로 응원한다. 네가 내 나이가 되었을 그때, 그래 잘 살았다고 자부할 수 있는 의미 있는 시 한 편을, 젊디젊은 네게 보낸다.

걸림돌인지 디딤돌인지 자기가
모르는 눈먼 돌
우리가 따라갔던 물 속의 돌
물에게 어깨 빌려주고 함께 흘러가며
시린 뼛속에 쟁여있던
눈짓 하나 몸짓 하나 말 한마디 남기지 않고
먼지 같은 가루되어 슬픔의 깊이로 침잠한다

표정 많은 물 모두 퍼내고 찾았다
고생대의 먼 끝자락에서

서걱서걱 갈대숲 헤치며 다가오는 뼈의 꿈

이파리 같은 환상으로 어루만지며

어루만지며 더 가까이 다가오는 손끝 마디에

따뜻해지며 부스스 열린다

책장 한 귀퉁이에 앉아있다

삭힌 눈물의 등피 닦으며

고이 받친 물의 날개되어

아로새긴 연륜이 그어놓은 목숨의 광채 되어

비로소 물결을 노래한다

– '비로소 물결을 노래한다—수석(水石)'

4부

/

파도에 길이 있다

누군가 내 서랍을 열 때

영하로 곤두박질하는 날씨와 길바닥에 얼어붙는 눈 때문에 겨울은 마음조차 얼음처럼 차가워지는 계절입니다. 어린 시절의 하얗게 내리는 눈은 낭만을 불러일으켰다면, 나이를 들면서 모든 더러운 것을 덮는 눈마저 치워야 하는 일거리로 생각하게 합니다. 겨울은 움츠러들고 자신 속으로 자기 자신 속으로 침잠하면서 타인에 대한 배려를 잃기도 합니다. 이 겨울에 누가 겨울과 맞서 싸우려고 하겠습니까? 그러나 마음을 따뜻하게 데우는 사람이야말로 겨울과 일전을 치루는것이 아니겠습니까?

강산이 두 번 변하는 동안, 겨울이 열아홉 번이나 다녀가는 동안, 그 겨울마다 얼어붙는 저희 마음을 따뜻하게 해주시는 서울법대 한오름회가 있기에 감사드립니다. 누구보다 아픈 몸으로 그의 기일을 챙기시는 오낙준씨… 오늘 '한오름은 한 길로' 펴낸 책자를 꺼내 읽다가 가슴이 먹먹해졌습니다. 너무나 아름다운 사람들의 이야기이며, 산사나이들의 멋진 젊은 시절 이야기로 가득했습니다. 그리고 한오름과 인연을 맺었던 사람들의 이야기였습니다. 특히 책을 메우며 많이 등장하는 사람들, 오낙준씨, 조해녕씨, 한경수 변호사님, 허규철 16대 회장님, 원호연 회장님, 임도빈 회장님…

지금 생각해보면 그가 떠나간 52살은 참 젊은 나이였습니다. 이제 70고개를 넘은 나이에서 돌아보면 참으로 좋은 나이였습니다. 더 많이 사랑할 수 있고, 더 많이 줄 수 있고, 더 많이 누릴(?) 수 있는 나이였는데 모든 것에서 손을 떼고 저 하늘나라로 가버린 것입니다. 그러나 그가 발을 끊지 못하는 곳이 바로 한오름이 아니겠습니까? 매년 그의 기일에 와서 소주 한가득 채워 올리는 그대들 때문이 아니겠습니까? '한오름은 한 길로'에 나온 사진들은 모두 그대들 이십 대 모습이고, 그 젊음의 서정과 꿈으로 가득 찬 책이며 내 남편의 모습이기도 합니다. 처음 뵐 당시 그러했으니까요. 하지만 이제 60을 넘긴 후배들의 모습을 보니까 일생은 어느덧 지나가고 그동안 살아왔던 정(情)이 눈처럼 쌓여있네요. 허규철 16대 회장님이 10주기에 올린 기사가 더욱 새롭습니다.

형께서 우리 곁을 떠나신 지 벌써 10년입니다. 10년 전 그날은 살을 에는 추위가 유난스러웠습니다. 갑작스러운 형의 부음소식에 망연자실 형의 싸늘한 주검 앞에 오열했던 기억이 떠오릅니다.

형의 서거 당시엔 산을 사랑하고, 친구를 사랑하고, 또 술을 사랑했던 회원 한 분을 떠나보내는 것을 의미했습니다. 그러나 해를 거듭할수록 형의 부재(不在)는 그런 의미를 훨씬 뛰어넘는 것이었습니다. 형은 큰 산이었으며, 큰 나무였습니다. 형의 4000대는 한오름의 긍지였습니다. 오늘날 4000대는 전설이 되고 말았습니다.

형이시여! 우리 한오름은 여일(如一)합니다. 형께서 생전에 그토록 염려하시던 한오름은 형의 가호와 음덕으로 설악산 아니오리골에 산장을 준공하였습니다. 또 홈페이지를 개설하였습니다. 그 정체성을 견지하는 한편으로 변화하는 시대에 발맞추고자 하는 노력을 경주하고 있습니다. 염려를 거두시옵소서.

형을 사랑하고 존경하던 한오름 형제들이, 형께서 끌탕을 하며 사랑해 마지않던 한오름 식구들이 오늘 낙준 형을 따라나서 이렇게 형 앞에 엎드렸습니다. 형이 그토록 좋아하셨던 소주를 큰 잔에 가득 채워 영전에 올리고자 합니다. 박주라고 마다하지 않으실 줄 압니다. 흠향(歆饗)하시옵소서

이제 모두 내려놓으시고 편히 쉬십시오.

작년 묘소에서 울려 퍼지던 아련한 원호연님의 하모니카 연주는 지금껏 서럽게 멍울져 내려옵니다.

- 개나리 고개는 눈물의 고개 올라갔다 내려올 제 님 그린 생각

  에헤야 개나리 아무렴 그렇지 개나리 지금은 어디서 개나리 생각하나

- 달빛을 받으며 님 마중 가세 님 오신단 그 심사에 꺾던 개나리
- 개나리 고개야 너 잘 있거라 이제 가면 언제 오나 개나리 고개

  소설 피츠제랄드 작 〈위대한 개츠비〉는 꿈이 없고 물질적이기만 한 세상에서 가난한 청년 개츠비를 위대하다고 부릅니다. 그것은 사랑하는 여인으로부터 배반당하는 고통 가운데 '희망을, 가질 줄 아는 비상한 능력 그리고 낭만적으로 준비하는 동시에 경이로움을 느낄 수 있는 재능'이 있기 때문이라면 한오름은 분명 위대한 한오름 (great hanorm)이라고 부를 수 있겠습니다. 가난하지만 젊은 그대들은 경이로움을 지닌 낭만의 산사나이였을 뿐 아니라 서로에게 꿈을 불어 넣어주고, 앞뒤로 밀어주며 남다른 세상을 볼 줄 아는 능력을 키웠었기 때문입니다. 더욱더 그가 세상을 떠난 후 19년이란 짧지 않은 세월 동안 친구나 선배를 그리워하는 마음들이 한결같아서입니다. 추위를 뚫고 그 혹한에 따뜻한 체온을 나누어주셔서 죽음이라는 무거움 앞에서 무겁지 않고 가볍게, 슬픔이라는 피맺힌 단어 앞에서 슬프지 않고 웃으며 서로 만나는 것이 아니겠습니까? 겨울이라는 가장 추운 계절에, 모든 것이 꽁꽁 얼어붙는 세상에, 무성한 나뭇잎에 가려 꼭꼭 숨겨져 있다가 나목이 되어서야 드러나는 새둥주리처럼 환히 들여다보이는 그 진실함이, 그 우정이, 그 배려가 어찌 위대하다 아니 하겠습니까?
  서로가 서로를 아끼고 배려하게, 만들었던 산(山)은 분명 한오름

을 위대하게 만든 것입니다. 아직 끝나지 않는 꿈을 꾸는 한오름에 속한 모든 식구들도 그와 같습니다. 우리의 일생이 그 사람처럼 다 한다 한들 다른 사람에 대한 배려는 남아서, 공중에라도 남아서 이렇게 말을 걸어옵니다. 오늘 한 분 한 분 이름을 불러보면서 편지를 씁니다. 너무나 고맙고 감사합니다. 그가 떠난 후 자연스럽게 쓰게 된 한편의 졸시를 나누어 드리고 싶습니다.

그의 서랍에서 잠자는 명함을 펼쳐들었다
알 수 없는 이름들과
알고 있는 이름이 가창오리 떼가 되어 우루루 몰려나왔다

두껍게 얼어붙은 물의 무게가
중심 잃고 흔들릴 때마다
그의 몸체가 가볍게 흔들렸다
암벽에 몸을 비끄러맨 그의 등 뒤로
잠자다 뛰쳐나온 손목시계
그와 나누었던 시계판 숫자보다
더 선명하게 떠오르는 완강한 팔뚝
최루탄 밖으로 숨길 털며 나온다

간간이 신열과 눈병에 사로잡혔으나

차근차근 오르며 하늘가에 닿을 줄 알았다

오를수록 더 가팔랐던 미끄럼틀에서

땅 속으로 곤두박이며 눈 깜짝할 사이

파묻혔다. 그리고 지금

그의 서랍 마구마구 열어젖혀도

아무 말하지 않는다

누군가 내 서랍 열 때 무엇을 만날 것인가

알 수 없는 이름들과

알고 있는 이름이 가창오리 떼로 우루루 날아오를까

– '누군가 내 서랍 열 때'

사이, 양파의 날개

여름이 코앞으로 다가오네요. 이 불볕더위를 지나갈 일이 아득해요.

그래도 여름이 더위를 몰고 오는 것으로 그치는 것이 아니라 더위를 빠져나갈 길도 데리고 오네요. 이와 같이… 그런데 이 여름은 누구와 많이 닮아 있어요. 화끈하고, 드라이브가 있고, 어정쩡한 것 없는 분명한 성품을 닮아 있어요. 그래서 여름은 모두에게 즐거운 추억을 안겨주고, 여행과 낭만을 즐길 수 있게 하는가 봐요. 그래서 여름이면 박영배씨가 유난히 생각나요. '박영배씨에게'라고 말하면 '어떤 남자야'라고 말할지 모르겠어요. 그리고 '장갑생으로부터'라고 한다면 '어떤 남정네로부터?'라고 말하지 않을까요? 우리 이름이 남자 이름 같아서 편지를 쓰려니까, 문득 떠오른 생각입니다.

그동안 잘 계셨어요? 오래 적조했습니다.

지난달 워싱턴모임에서 백해무관댁 이야기를 나눴습니다. 그곳 여수에서의 생활을… 얼마나 좋으시겠느냐고 다들 말했습니다.

3년 전 제가 큰 수술하게 되었고, 몸이 조금 나아져서, 첫 여행지로 여수를 가게 되었을 때, 제게 베풀어 주셨던 편의와 사랑을 잊지 못하고 있습니다. 그때 나도 여행할 수 있을까?라는 의문을 품고 여행하고 싶다는 마음이 또한 어찌나 강한지, 여러 군데 물색하다가 연락드렸고, 흔쾌히 편의를 제공해 주셨습니다. 감사합니다.

워싱턴모임에서도 제가 여수 다녀온 이야기를 했습니다. 그리고 그 연장 선상에서 고마움이 제 마음 가운데 박혀 있다는 것을 말하고 싶어서 편지를 씁니다. 이제껏 살아오면서 수많은 천사를 만났습니다. 당시 영배씨도 나의 천사였습니다. 그래서 제 시집을 보내드렸고, 내 슬픔을 함께 공감해 주셨습니다. 남의 아픔과 슬픔을 이해하는 마음이야말로 진정 아름다운 사람이 되기 위한 조건이라는 말이 떠오르네요. 감사합니다. 올해 동인지도 보내드립니다. 객관적 슬픔이어서 전처럼 그렇게 아프지 않을 겁니다.

미세스 백 건강은 어떠세요? 이제는 갑상선에서 완전히 벗어났지요? 남편은 간간이 티브이(TV)에 얼굴을 보이셔서 여전히 젊고 멋있다고들 하네요. 모두 그쪽으로 말을 보탰습니다. 두 분이 아름답게 사시는 것 - 아주 좋습니다. 과학관께서 최근에 아프셔서 입원하고 계셔요.

그리고 보니 우리가 만난지도 어언 20년이 가까워지네요. 강산이 두 번 변하는 세월 동안, 아이들이 모두 결혼하고(우리 딸은 아직 제 짝을 찾지 못하고 있지만) 우리는 할머니 할아버지 호칭으로 불리네요. 그러나 미세스 백에게는 어울리지 않는 호칭이 아닐까요? 여름과 같은 사람이니까. 그러니까 나는 미세스 백을 많이 좋아하나 봐요. 이 말도 아마 앞서 했지요? 이렇게 긴 세월 동안 서로를 좋아하고 돕고 있다고 생각하니 참으로 귀한 만남이라는 생각이 드네요.

시(詩) '사이, 양파의 날개'를 드립니다. 함께 음미해볼까요?

시(詩)의 영토 위에서 양파를 썬다 깃들여진 매운 맛이 먼저 달려온다 눈물 찔끔거리며 말한다 이제 잊어줘요 제발 방천(防川) 따라 흔들리는 억새꽃의 희망과 자갈밭 사이 일구어놓은 풀빛 자유 남아 있을까요 그가 불렀던 노래와 전율했던 초저녁이 어찌 돌아올까요 눈시울 적신 지난날 속에 그의 햇살 한 대접 펼쳐 보일 수 있을까요 한 켜 들춰보세요 다시 한 켜 들춰도 다르지 않은 날개뿐 무엇이 서로 다른 우리를 묶고 있었을까요

양파를 썰다가 보았다 날개 사이 날개와 날개를 접착하는 얇디얇은 막이 있었다 사랑이었다

– '사이, 양파의 날개'

해무관님께 안부 드립니다.

두 분의 삶에 주님의 은혜가 넘쳐나기를 기도합니다. 무더위가 기승을 부리기 전에 감사 한아름을 드립니다.

이름 모르는 택시기사에게

그날 손성인씨와 내가 고속버스를 타고 여수에서 내렸을 때, 여수는 낯설고, 처음이라 어떻게 이동해야 할지 몰라서 친구의 조언으로 택시를 탔습니다. 날씨는 좀 쌀쌀하고 출출해서 부탁했습니다.

"아저씨 우리가 점심 먹을 만한 곳에 데려다주세요."

추천해 주신 곳은 예상대로 붐볐습니다. 사람들이 많이 찾는 곳이기도 하고 맛집을 소개해주리라는 우리의 기대가 그대로 들어맞았습니다. 사람들 사이에 끼어 우리도 느긋하게 해물 요리를 즐기고 있었습니다. 거의 식사가 끝날 즈음 아저씨가 나를 찾아왔습니다. 조금 전에 우리를 이곳에 데려다주신 기사님이.

"이곳에 내려드리고 다음 손님과 딴 곳으로 가던 중이었는데, 뒷자리에 앉았던 손님께서 핸드폰을 발견하고 내게 건네주었어요. 아무래도 손님 것이리라 생각하고 달려온 겁니다."

청바지 뒷주머니에 핸드폰을 꽂아두었는데, 이미 택시에서 빠져
버렸다는 것을 그제야 뒤늦게 알아챘습니다. 아저씨에게 핸드폰을
건네받고 감사하다는 인사도 채 드리기 전에 아저씨는 그 자리를 떠
나갔습니다. 나를 만나서 반가워하시면서. 만약 내가 핸드폰을 잃어
버렸다면 그곳에서 연락이 닿지 않았을 우리는 아마 미아가 되었을
지 모릅니다. 미세스 백의 연락처가 핸드폰에 저장되어있고 나는 기
억지 못하는데 어떻게 만날 수 있었겠습니까? 나는 가슴을 쓸어내
리면서 얼굴도 모르는 아저씨께 감사를 드리고 드렸습니다. 다른 한
편, 한참을 달려온 그에게 택시비도 챙겨드리지 못한 우둔함은 고스
란히 내 몫이었습니다. 감사했습니다. 그 기사 때문에 여수는 친절
한 곳, 안전한 곳, 살만한 고장으로 뇌리에 뚜렷이 새겨졌습니다. 이
렇게 선의를 베푸는 분 때문에, 자기의 업무에 충실한 우리 주위의
마음 밝은 사람들 때문에 살맛이 난다는 것을 고백하면서 알뜰하게
챙겨주신 그분께 감사드립니다.

그러므로 우리는 서로 배려하므로 아픔을 함께 아파하는 이웃입
니다. 진심으로 감사합니다.

그런 나를 돌아보며 살아가노라면 새록새록 깨닫는 것이 인간은
죄인이라는 사실입니다. 존재의 본질에 접근하면 할수록 보이는 죄.
생수의 원천이신 하나님을 버림과 동시에 물을 담지 못하는 물웅덩

이를 스스로 파게 되어 하나님과 멀어진 죄인인 우리 모습을 말하는 시 한 편이 자연스럽게 태어났습니다. 죄가 죄인 줄 모르니까 구원이 필요치도 않은 어둠 속에 처한 사람들. 그러므로 구원조차 스스로 이룰 수 없다는 사실마저 받아들이지 않습니다. 구원은 그러나 밖으로부터 와야 한다는 진실, 주님께서 주실 수 있다는 진리 앞에 우리 모두 서게 됩니다.

온 구석구석 들춰보아도 금침이듯 박혀있는 어둠이 뛰쳐나올 뿐 고들빼기 꼬드기는 빛은 없습니다 예고 없이 덮쳐오며 목구멍까지 메우는 차일 벽과 천장 어디를 둘러보아도 도무지 보이지 않는 깜깜한 방 눈을 감습니다 한 비늘씩 쌓이는 달의 무게가 덮쳐 누릅니다 부싯돌처럼 두 손을 치면 번쩍 섬광이 일어날까요 더욱 어두워져서 깍지 끼고 무릎 감싸 안았습니다 인터넷 끊어지고 삼십층 계단을 내려갈 수 없습니다 날개를 부비면 반딧불이가 될 수 있을까요 어디선가 쿵쿵쿵 발자국 소리가 날아와 언덕 위에 양철로 된 달 띄웁니다 빠짐없이 되살아나 살점 도려내던 겨울추위 때문일까요 내 안에서 아무리 찾아도 없고 스스로 일으킬 수도 없습니다 바깥에서 들어오지 않으면 그믐달입니다 더듬더듬 성냥 찾아 촛불 켜들자 초승달만큼 사방이 열렸습니다

- '그믐달'

파도에 길이 있다

보라엄마, 이렇게 이름만 불러도 만감이 교차하네. 자네에게 어찌 감사하지 않을 수 있겠는가? 자네가 지평 중·고등학교 교장으로 부임한 걸 안 것은 부임한지 6개월 지난 늦은 가을이었어. 나는 지평이 어디 있는 곳인지? 용문을 지나 바로 있다고 했지만, 또 어떤 시골인지 알고 싶어서 학교를 방문하고 싶었었네. 우린 겨울방학 기간에 약속을 잡았다가 매섭게 추운 날씨 때문에 일방적으로 내가 취소하고 다시 2월 마지막 주 금요일로 약속했었지. 우리 집 앞에서 용문가는 전철이 있으니까 타고 가서 용문에 날 데리러 와 달라고 했지만, 기어이 자네가 30분 이상 더 운전하여 나를 데리러 왔고, 돌아올 때 용문까지 데려다 달라고 했으나 피곤한 몸으로 30분 이상 더 운전해서 집까지 데려다준 것만 보아도 자네의 심성이 어떠한지 어른을 대하는 태도가 어떠한지 보여주는 사례가 아니겠어?

지평까지 1시간 40분씩 차를 몰고 출퇴근하는 자네가 불가사의했어. 교장선생님께 딸린 사택에 살면서 일주일에 한두 차례 정도 집에 다녀가면 될터인데…… 나는 알고 있잖아. 남편의 몇 차례(?) 부도 때문에 자기들 집도 없다는 것을. 보라는 그런 아빠가 미워서 호주 싱가폴 등 외국에서 직장 생활하고 있고 대학 나온 아들이 지금 아빠와 머물고 있는 셋집에 고단한 몸으로 출퇴근한다는 것이 불가사의했어. 보라엄마, 자네와 함께 그곳을 다녀온 후로 자네가 너무나 짠했어. 그 먼 길을 출퇴근하는 것부터 현재 처한 상황까지 모두 모두.

교장실에서 자네가 말했어.

"지금껏 26대까지 남자 교장 선생님들이었는데 제가 최초로 여자 교장선생님이 되었어요."

전철이 들어오는 것을 반대한 농경사회의 중심에 있는 중·고등학교 교장으로서, 여자로서 그 텃세를 감당하고 있는 자네가 대단하게 보였네. 게다가 전교조 교사들이 포진하고 있어서 얼마나 힘들었겠는지 짐작이 가네. 국정교과서 반대시위를 할 때, 부임한지 얼마 지나지 않은 학교 울타리를 삥 둘러가며 선전 문구로 도배했을 때 그것을 손수 떼어내면서 중립을 지키려 했던 자네의 어려움이 불 보듯 보인다네. 지금은 많이 변질된 일부 전교조와 최근 교사들의 성향에 대해, 이야기할 때 어렵게 교단을 지키고 있는 선생님들의 노고가 피부로 느껴졌어. 보라엄마, 우리가 양수리 물가를 지날 때 풍광이 좋다고 했더니 자네는 처음 보는 경치라고 말했어. 이른 아침 어둑어둑할 때 운전하고 밤이 되어서야 학교를 나섰던 자네의 일정이 그때에야 보이는 듯했어. 출퇴근마저 얼마나 고난의 연속인가라고 유추할 수 있었네.

자네를 처음 만났을 때를 떠올려보면 금방 알 수 있어. 큰언니 아들인 명수가 에스케이(SK)전신인 선경에 다닐 때, 자네를 데리고 왔었지. 눈이 크고 예쁘고 사랑스런 자네를 보는 순간 '어떻게 저런 색시를 만날 수 있었을까'라고 생각할 정도로 인물이 좋았고 게다가 미술선생님으로 현직교사인 자네가 명수보다 월등히 조건(?)이 좋았다고 직감했었네. 되돌아보면 내가 신부 어머니였더라도 그렇게 말했을까? 나도 의심스럽네. 기억나는가?

"결혼은 둘만의 약속이 아니라 가족 간의 약속이니까, 살다가 이혼하는 것은 절대 안된다"

그날 차 안에서 내가 자네에게 미안하다고 했지? 바로 내 앞에 앉아있던 젊은 그대들에게 했던 이 말 때문이라네. 자네들의 삶을 쭉 지켜본 나는 자네가 이혼한다면 말리지 않았을 거야. 자네 입장에 놓였다면 나는 이혼했을지 모르거든. 보라를 낳고 또 아들을 낳고 그래서 열심히 살아가던 자네들, 그러나 보라아빠가 사업을 한답시고 회사를 그만두고 한동안 열심 내었던 때가 떠오르네. 명수에게 한 가지 목표는 돈을 잘 벌어 아내를 편케 해줘서 마음껏 그림을 그릴 수 있게 해주는 것이 아니었나? 자네 그림을 유난히 좋아하면서 내게 몇 점 가져왔을 때 말했어. 큰 화폭의 숲 그림을 보면서 그 속에 빨려 들어가는 것 같다고. 어떻게 하면 아내가 그림 그리면서 살 수 있게 할까? 그렇게 시작했지만, 사업이란 그리 녹록지 않으니까. 명수는 모질거나 나쁜 사람이 아니라 심성이 고와서 세상 물살을 거슬러 올라갈 수 있는 맷집이나 깡이 부족하지. 한동안 잘 나가기도 했던 사업이 부도가 났을 때, 자네 입에서 나온 말은 그 상황을 충분히 묘사했었어.

"월급이라도 차압이 들어오지 않았으면 좋겠어요. 챙피해서…"

그래, 그 정도로 고통받고 있다면 나도 이혼을 결심했을 테지. 그러나 꼴도 보기 싫다 하면서 같이 살아주는 자네가 참 고맙네. 기미가 까맣게 내려앉은 얼굴만 보아도 자네의 속앓이를 척 알 수 있다네. 우리끼리 있을 때 언니는 며느리가 너무나 고맙다고 말하지. 자네에게도 말하던가?

자네는 게다가 겸손하기까지 하네. 한 번도 언성을 높이거나 찌푸리지 않았고 내색하지 않고 그 며느리 자리에 그대로 있기까지 하니까. 이제 그 예쁘고 멋진 처녀 선생님이 오래 교직에 몸담아 최선을 다해 온갖 험하고 힘든 일을 헤쳐나가며, 오직 자기 노력과 성실로 교장선생님이 되신 것이니까 주위의 축하를 받아 마땅하네. 축하하네. 월세를 살면서 그 먼길을 오가는 자네를 보면 어찌 마음이 짠하지 않을 사람이 있겠는가? 정말 고맙고 감사하네. 우리 사회를 지

탱해주는 성실 근면한 자네 같은 구성원들 때문에 우리가 이만큼 평화를 누리는 것이 아니겠는가? 어렵지만 가정을 차버리지 않고 보듬어 안는 헌신 때문에 우리 사회가 이만큼 견딜 수 있는 것이 아니겠어? 힘들지만 우리들의 귀감이 되는 자네에게 하나님의 은총이 함께 하시기를 비네. '파도에 길이 있다'라는 시를 드리네. 마음을 다하여.

언제부터 신발에 닿기 시작했는지
젖은 양말 벗어들고
너무 부끄러워 웃음이 나온다
뒤로 물러나 보지만 어느새
물의 중심을 밀고 다시 올라온다
발치에서 걸어다니는 겨울바다의 오후
의문부호 몇 개를 구겨가지고 우리는
모래밭에 와서 뒹구는 삼각파도 보고 있다
고깃배 한 척 멀리서 수평선 더듬으며
떠밀어내고 있는데 무엇이 남아있기에
북태평양너머 이 쪽을 넘나드는 바람
바다의 귀를 쓰다듬는 것일까
두 손을 받쳐들면 훤히 드려다 보이는
살결 아무것도 보여주지 않고

밀려왔다가 모래 틈에 숨어버린다

거침없고 쉬임없이 달려오는 물보라

온 몸을 아우성으로 살고 또 살 것인데

물 속 깊숙이 가라앉히는 낚시 끝에서

우리들이 묶여있는 이물

파도 사이에 보인다 안보인다

- '파도에 길이 있다'

이슬은 영원하다

임교수님, 12월이 시작되자마자 절기를 알아차린 듯 영하 7도의 매서운 추위가 시작되었어요. 엊그제만 해도 포근한 날씨가 깔려있어서 봄이 온 듯 즐거워했는데, 아직도 못 다 건넌 겨울이 있다는 것을 알려주듯, 겨울이 매운 발톱을 드러냈습니다.

때로는 우리 삶에서도 한겨울처럼 어렵고 힘들어서 견딜 수 없는 날들이 있습니다. 영원히 가시지 않고 지속될 것 인양 우리 곁에서 예고하듯 어려움을 주었다가 조금 풀어지듯 하지만 예감처럼 닥치는 어려움, 이 한겨울을 어떻게 해야 지날 수 있겠습니까? 답은 알고 있습니다. breakthrough-돌파하라 입니다. 내 힘으로 안 되는 이 문제들을 시시때때로 하나님께 올려드립니다. 그리고 온 힘으로 버텨내려고 하면서, 그럴 때마다 내가 좋아하는 성경구절을 읊조립니다.

사람이 감당할 시험밖에는 너희에게 당한 것이 없나니 오직 하나님은
미쁘사 너희가 감당치 못할 시험당함을 허락지 아니하시고 시험 당할 즈
음에 또한 피할 길을 내사 너희로 능히 감당하게 하시느니라.

(고린도전서 10 :13)

임선생님, 생각해보면 지금 선생님을 괴롭히는 가장 큰 어려움은
선생님이 가장 아끼고 사랑하는 아들과 관련되어있지 않습니까? 어
느 어머니가 아들을 그만큼 사랑하지 않겠습니까만 선생님은 대학
병원의 업무와 교수로서 감당해야 할 막중한 일들 때문에 마음껏 사
랑을 펼칠 수 없는 안타까운 상황 때문이 아닐까요? 게다가 자신의
건강이 예전 같지 않은데도 불구하고 치매에 걸린 시어머니를 돌봐
야하는 어려움을 우리는 상상할 수 없습니다. 교수님, 논문 쓰기가
참 어렵지만, 세상사 어렵지 않은 것이 하나도 없다는 것을 입증하
듯 여러 가지 문제에 봉착해 있음을 알겠습니다.

오늘은 잠시 짬을 내서 저와 함께 쉬어가는 시간을 가졌으면 좋겠
습니다. 교수님을 처음 만났을 때가 생각납니다. 강남성모병원 주차
장으로 걸어 나왔을 때, 참 빈틈없는 사람이라고 생각했습니다. 그
리고 몇 차례 만나는 와중에 했던 말이 내 가슴에 남아있었습니다.
'하나님은 내가 기도하는 것을 들어주시지 않는다.' 그때 어떤 기도
를 드리고 있었는지 물어보지 않았고 그 후로 다시는 그 말을 입 밖
에 내지 않았기 때문에, 그냥 한번 나온 푸념 정도로 생각했습니다.

아니면 어려울 때 흔히 내뱉을 수 있는 하나님을 향한 투정 정도로 받아들였습니다. 당시 교수님이 당면했던 고통이 컸기 때문이었는지 모르지만. 명동 호텔부페에서 점심을 사 주셨던 일을 기억하세요? 참 많이 먹었다는 기억이 제게 남아있습니다. 그리고 감사치 않을 수 없었던 일이 연거푸 생겼지요. 내가 유방암 진단을 받고 서울대병원의 예약을 선생님께 부탁했습니다. 선생님은 안타까워하시며 자기 일처럼 챙겨주셨고 노교수께 기회가 주어졌다면 저를 이모라고 소개했을지 모릅니다. 선생님의 따뜻한 마음씨를 느끼며 사뭇 감사치 않을 수 없었습니다.

참 이상한 일도 다 있지요? 스토커가 나타나서 선생님을 괴롭힌 일입니다. 훤칠한 키, 부드러운 카리스마를 지니고 계신 선생님을 괴롭힌 스토커 사건도 참 신기한(내가 보기에) 일이었습니다. 평범한 일상의 사람들 가운데 스토커가 따라다닌다니 정말 생소한 일이었습니다.

아니면 선생님이 보통사람이 아니시든가! 본인은 정말 힘들었을 텐데, 주위의 반응은 나처럼 뜨뜻미지근했을 테지요. 선생님 그렇습니다. 우리의 일생을 펼쳐놓고 보면, 흘러가는 크로노스의 시간 가운데 하나님의 시간, 카이로스의 범상한 사건이 충격으로 와서 상당히 다른 삶의 색깔로 덧칠하는 것이 아닐까요? 좀 늦은 나이에 아들을 주신 일도 하나님의 특별한 은총이라 생각합니다. 그때 그 아가의 귀티 나는 얼굴은 아직도 내 핸드폰에 저장되어 있습니다. 뭐라 말할 수 없지만, 하나님의 은총이 느껴질 만큼 귀하고 소중하게 보였습니다. 그런 아이로 키우려면 그만큼의 수고가 있어야 하지 않을까요? 어렵고 힘들지만, 어머니의 명철한 처신뿐 아니라 어머니의 고통이 뒤따른다고 생각합니다. 벌써 훌쩍 커버렸지만, 그 애가 자람으로 하나님께서 어떤 사람으로 성장시키실지 상상의 나래를 펼치면 아주 궁금해집니다. 어떻게 자라 있을까요?

선생님, 이 겨울도 언젠가는 지나가겠지요? 수차례 혹독한 시베리아 찬바람이 내리꽂고, 몇 번 빙판과 고드름으로 덮이고 또 몇 번의 폭설이 우릴 꼼짝 못하게 막아설 것이고… 그때그때마다 두꺼운 외투로 온몸을 감싸고 다니며, 엉금엉금 기어가듯 천천히 걷고 폭설에 막히면 발을 구르는 가운데 겨울을 인내하며 지나야겠지요? 이런 겨울에도 기쁜 일이 간간이 있어서 지낼 만하지 않겠어요? 주님께서 이 땅에 오신 크리스마스가 다가올 것이며 누군가와 따뜻한 차 한 잔을 나누는 시간이 있을 것이며 또 누군가를 사랑하는 마음으로 바라볼 것이며, 누군가에게 작은 지갑을 열 것이며…

교수님이라고 나대지 않는 선생님이 좋고 선생님을 알게 되어서 기쁘고 또 내게 베풀어주신 사랑에 감사할 수 있어서 더욱 기쁩니다. 메리 하트만이 쓴, 미소와 위로의 말 한마디가 위대한 희생이나 의무보다 더 아름답게 우리 삶을 채운다는 '삶은 작은 것들로 이루어졌네'라는 시가 떠오릅니다. 그러나 우리 삶은 예기치 않은 일들로 엮어져 있어 우리 생각이 전부가 아니라는 것을, 차츰 알게 되면서 우리는 언제나 찾아오는 이슬 같은 사랑을 갈구합니다.

무조건적으로 부어주시는 하나님의 아가페 사랑, 그 사랑을 조금이나마 닮은 엄마의 마음에 고인 사랑노래입니다.

동쪽에서 서쪽으로 은빛 비늘 털며

강물이 지나간다

한때 핏물로 몹시 아팠던

검은 강 입을 다물고 흐른다

밤에서 낮 사이, 소리 끌어안고 가는 물의 손

일만이천 킬로미터 쉬임없이 날아가는

흑꼬리 도요새의 비상 눈여겨 바라본다

오늘 고요한 새벽이 오고

무지막지한 흙탕물 뒤엉킨 어제 흘려보내고

아직도 끈덕지게 남아있는 피 묻은 강

씻어내려고 일어나는 물의 날갯죽지에

덮어놓은 밤의 흔적 털어낸다

날이 흐리고 풀꽃들 흐느끼는

낯익은 벌판이지만

동풍에 나부껴 먼저 눕는 풀잎사귀

풀섶에서 바람과 함께 먼지에 절여있는

귓밥 파내고 있는 물의 구슬

칼날 같은 해의 눈꼬리에 다칠까 봐

토하는 어린 숨 다독이듯 감싸 안고

감싸 안으며 물의 가슴 차올라

금방 사라질지라도

언제나 찾아와서 어깨동무한다

– '이슬은 영원하다'

그대 머무는 곳에

　　　　　노동영 교수님, 불과 3, 4년 전까지만 해도 교수님의 존함을 알지 못했는데 저희에게 지금 가장 소중한 존재가 되신 교수님, 우리나라 유방암 분야에 최고의 권위자로 자리매김하신 교수님께 오늘 감사 인사를 드립니다. 우리 인생길이 어찌 밝고 빛나는 일들로만 채워져 있겠습니까? 태풍이 부는 날이 순식간에 다가오고 폭풍의 언덕에 서서 비바람 맞으며 고개를 들지 못하는 때가 있습니다.

　2010년 가을이 깊을 무렵이었습니다. 오래 복용하고 있던 호르몬(hormone)제를 처방받기 위해 산부인과를 찾았을 때, 여의사는 유방초음파와 엑스레이(x−ray)검사를 강권했습니다. 저는 폐경할 때부터 힘이 없어서 호르몬을 복용하기 시작했었습니다. 그럭저럭 잘 생활했었는데, 글 한 줄 쓰려고 먹는 것을 소홀히 한 결과 2002

년 폐결핵에 걸렸습니다. 결핵균과 싸움은 치열했습니다. 균을 내 몸 밖으로 몰아내기 위해 병원에서 처방하는 약과의 전쟁을 치러야 했습니다. 그래서 5, 6년 먹었던 호르몬제도 끊고 아산병원 김동순 교수의 도움으로 오로지 결핵균과 싸웠습니다. 그리고 완치판정을 받고 몇 년 지나지 않았는데 다시 몸에 기력이 없는 문제로 돌아가서 한약을 먹다가, 먹다가 더 쉬운 방법인 산부인과를 찾아갔습니다. 그동안 끊었던 호르몬을 다시 처방받았습니다. 또다시 먹기 시작해서 2년이 채 되지 않은 시점에 유방초음파에 예상치 못한 세포가 나타났습니다.

산부인과 여의사의 권면으로 강남세브란스병원에 예약하고 바로 그날 초음파를 찍고 조직검사까지 마치고, 노래하며 운전하고 집에 돌아왔습니다. 아무런 병력이 없는 우리 집안이어서 검사하는 것쯤 가볍게 여겼습니다. 그리고 일주일 후 병원에서 유방암이라는 진단을 내렸을 때 망연자실했습니다. 아직 초기라니까 수술을 하기 위해 모든 검사를 마치고, 12월 20일 입원하기로, 결정하고 돌아왔습니다. 그날 비로소 유방암을 앓았던 이웃에게 전화했습니다. 그녀는 암이라는 큰 병은 곧이곧대로 수술하는 게 아니라 좀 더 알아보라고 권유하면서 우리나라 최고의 권위자이신 노동영 교수님과 다른 분들의 이름을 열거하며 알려주었습니다.

마침 12월 20일부터 우리 교회 새벽기도가 시작되어서 강남세브란스 입원을 취소하니까 새벽기도에 나갈 수 있었습니다. 강단 위로

저보다 수십 배나 더 아프신 故하용조 목사님이 올라오셨습니다. 결핵과 당뇨를 앓으셨을 뿐 아니라 간암 수술 일곱 차례 받으셨고, 인공투석을 일주일에 세 번 받고 계시는데 단상에서 열정적으로 힘껏 설교하시는 모습에 어찌 마음에 울림이 없었겠습니까? 처음 암 진단을 받았을 당시, 무척 위축되고 우울했으며 힘들어했을 때였습니다. 그러나 새벽에 하목사님의 힘 있는 설교와 부목사님들의 '암은 물러가라'며 기도하셨을 때였습니다. 일주일 정도 지나자 암은 거짓말처럼 제게서 떠나갔습니다. 주님께 암이나 감기나 무슨 차이가 있겠습니까?

그 와중에 12월 30일 교수님과 첫 대면 하기 전, 임상교수께 먼저 진찰을 받아야 했습니다. 임상교수님은 저의 자료(data)를 보시더니 '강남세브란스병원도 좋은 병원인데 이렇게 모든 절차를 마치고 또 여길 오시다니, 노동영교수께 수술받으려면 두세 달 기다려야 하는데 기다릴 수 있어요?'하시면서 저를 밀어냈습니다. 서울대학병원은 안되나 보다 하면서 우리는 아산병원에 진찰 예약했습니다. 그럴 즈음 12월 23일인가요? 서울대병원 홍보실을 통해 전화가 왔습니다. 방송국(SBS)에서 노동영교수의 유방암 촬영을 위해 저를 진찰하는 장면을 찍겠다고 했습니다. 그리고 수술을 앞당길 수 있다고 제안했습니다. 이것은 주님께서 크리스마스에 제게 주시는 선물이라 생각하고 모든 예약을 취소하고 기도하면서 12월 30일을 기다렸습니다. 교수님을 그날 처음 뵈었습니다. 그날부터 매일 검사받으면서 감기라도 걸리면 수술은 취소되기 때문에 주님의 은혜를 계속 간구해야 했습니다. 일주일 뒤, 1월 7일 성공적으로 교수님은 수술을 마무리하셨습니다.

돌이켜보면 암이라는 폭풍 가운데 태풍의 눈처럼 조용하고 신속하게 진단과 수술 그리고 치유가 일어났습니다. 그 중심에 하나님의 은혜뿐 아니라 선생님이 계셨습니다. 우리가 믿고 맡길 수 있는 교수님이 계셔서 하나님의 은혜로 이 일이 아름답게 마무리되었다고 생각합니다. 그 은혜에 힘입어 '그대 머무는 곳에'라는 시를 한 편 썼습니다.

퇴적층 사이 포개진 돌무덤 가운데
굽은 손으로 더듬는다
압박하듯 붕대에 감겨있다
칼로 도려낸 가슴에서 멎는다
내게 없는 것 투성이다
이렇게 꽂힐 때
혼(魂)의 고리 아귀모양 달려들었다
그래 네게 없는 것들 꼽아볼래?
올려오는 벌떼 지칠 줄 모른다
헤어나올 수 없다

한잠 자고 한잠 자고 또 자고

공중 돌기하는 새 한 마리 보인다

그래도 내게 있는 것이 있구나

내려앉는 듯 앉을 듯 그러나 위로 치솟는 박새

눈길이 한참 머물 때

깜깜한 어둠에 몸 풀었던 하늘 한 귀퉁이

어슴푸레 밝아지고 있다

사지 없는 청년 닉 부이치치

곁으로 다가오자

내게 있는 것이... 많구나

몸통에 붙은 단 한쪽 발

책을 넘기고 일어선다 없는 팔로 안아준다

희망을 퍼 나르는 그에게는

경 · 계 · 선마저 없다

그대는 어느 땅에 머무려는가

- '그대 머무는 곳에'

첫 연은 수술한 후 의식이 돌아오고 내가 처음으로 내 가슴을 만졌던 순간의 너무나 암담하고 우울하고 낙담하는 모습이라면, 둘째 연에 새 한 마리가 나타납니다. 새는 감사하는 마음입니다. 그 암담함 가운데 ─그래 노동영 교수님 만난 것이 감사하지, ─그래 빨리 수술하게 되어 감사하지, ─그래 이만해서 감사하지, ─그래 다행이야 등 찾아보면 감사할 것이 계속 나타났습니다. 셋째 연은 감사할 때 다른 눈이 열린다는 것입니다. 그 청년은 어떻게 그렇게 살 수 있는가? 그가 믿고 전하는 예수님은 도대체 누구시기에 그런 그를 희망 전도사로 삼으실까? 마지막 연에서 긍정적으로 삶을 노래하고 싶다면 우리는 어떤 곳에 머물러야 할까라고 스스로 물어야 하는 시(詩)입니다.

유방암을 앓고 있는 모든 분께 드리고 먼저 교수님께 드립니다. 수술과 그 이후의 치료과정을 살펴볼 때, 내가 어떤 마음으로 임하는가가 예후를 좋게도, 나쁘게도 한다는 것을 알았습니다. 감사할 것을 찾기만 해도 치유에 도움이 될것이라고 생각합니다. 교수님께서 싸우시는 것이 또한 이것이 아닙니까? 교수님의 손으로 암을 몰아내는 것, 모든 환자를 살려내는 것 그리고 잘 살게 하는 것이 아니겠습니까?

이 분야에서 탁월한 능력으로 일하시는 교수님을 만난 것에 감사합니다. 편지를 마무리 지으며 그동안 돌보아주심을 감사드립니다. 세심하게 치료해주심을 다시 깊이 감사합니다.

시(詩)

보았습니다 끝없이 올려오는 어깨 너머

날 저물어 불빛 뛰어나와 어둠과 몸 섞고

지나가며 옷 벗는 소리 가득한 광화문 골목길에서

무엇하러 떠돌다가 온 모래바람

먼지투성이 귀엣말에 쉽게 부서지고

몸살 앓으며 이 바닥에 아직 살아날까

자맥질하여 바닥에서 건져 올린

자갈돌 하나 부여잡고

몸 부숴 턱없는 마침표 찍고

우리들은 말없이 헤어졌습니다

몇 명 더 닿을 수 있는 길로

달려나가도 바꿀 수 없는걸

알면서 늘 앞장서는지

소리 없는 주먹질이 되었습니다

낮아질 대로 낮아진 강바닥에

책들 쏟아내며 제자리에서

떼어지지 않는 책갈피 열어젖힐 때

달아나며 보았습니다

물결 일으키며 비상하려는 새 끌어안고

피 흘리는 날갯짓 함께 하던 바위에서

내미는 손마저 너무 차가운데

달은 비켜나가고

물그림자라 불러 지금도 비겁하고

다 돌아가고 혼자 남아

부서진 몸으로 다시 트러 오겠습니까

— 시(詩) · 1

    이충이 선생님, 새로운 천년의 기간이 도래한다며 우리에게 생소하던 밀레니엄이라는 단어가 입에 오르내리던 어느 날, 선생님을 뵙게 되었습니다. 저는 1990년대를 넘어서서 21세기를 살게 되리라는 나날을 꿈꾼 적 없었으나 새로운 세기는 슬그머니 우리 앞에 다가오더니 어느 듯 21년이라는 긴 시간을 지나고 있습니다. 1995년에 남편을 여의고 새벽 재단에 나가서 울부짖었을 때 주님은 '이슬은 영원하다'라고 말씀하셨습니다.

시인이라고 자처하는 지금, 그 말씀을 은유로 풀이해볼 수 있지만, 비유와 상징을 모르던 그때는 문자적으로 해석하여 이슬이라는 시(?)를 여러 편, 또 내 마음에 떠오르던 몇몇 단어로 여러 편을 썼다가 버리려던 순간, 시와 산문사에 보내게 되었습니다. 선생님은 아직 어린 시를 보시며 함께 공부하자고 제안하셨습니다. 오랫동안 시를 공부해왔던 조성하 시인은 선생님의 말뜻을 잘 알아들었지만, 은유와 직유마저 구별하지 못했던 저는 많이 헤매고 다녔습니다. 그 이전에 만났던 베레모로 항상 포장하고 시인이라며 뽐내던 분들과 선생님은 달랐습니다. 베레모는 흔적조차 없지만, 선생님은 시(詩) 자체였습니다. 시가 무엇인지 가르쳐주려고 무던히 애쓰셨고 좋은 시를 쓸 수 있도록 많은 메타포를 주셨습니다. 좋은 시를 많이 읽고 습작하는 가운데 어느 해(『시와 산문』, 2001년) 시인으로 등단하게 되었습니다.

너무너무 슬퍼서 슬픔도 퍼내다 보면 맑은 물이 되어 흐를 수 있을까라고 물었던 첫 시집 『내 뼈의 뼈』를 상재 했을 때가 생각납니다. 첫 시집을 받아들고 참 기뻤습니다. 디알로기스모스(dialogismos)같은 단어에 친했던 그때는 내 생각이 바뀌는 시점이어서 변곡점에 어려운 말들이 찾아왔습니다. 그래야 달라 보였을까요? 동시에 무엇 때문에 시를 쓰느냐고 물었던 시절로 이어졌습니다. 처음에 너무 아프고 슬프고 참을 수 없어서 계속 시를 쓰기 시작하자 고통에도 무

늬가 입히기 시작했고 둘째 시집 『풀섶 풀잎사귀 귀로 앉아』를 엮을
수 있었습니다. 이 시는 그 당시의 내 모습이었습니다. 풀 잎사귀의
귀 같은 작은 부분 즉, 풀의 가장자리 가장 낮은 자리에 앉아있던 나
는 아픔이었습니다.

오랜 시간이 지나고 나서야 광화문에 앉아계신 선생님을 묘사한
시(詩)는 세 번째 시집 『몇 갈래 길에서 이미마을로』에서 시·1, 2에
드러났습니다. 글 서두에 실린 시와 여기 두 번째 시편입니다.

창마다 창호지가 발라져 있다 안팎 들여다 볼 수 없는 소금굴에 갇혀
둥글게 감아 쥔 불빛 새어 나온다 반달이 낮게 내려와 단풍나무에 걸리어
도 열리지 않는 벽 닫으면 열 수 없는 문들마저 잠 속에 떨어진다 잘 빗질된
흑백사진들 나뒹굴고 온 밤을 곁눈질 하며 걸어나온 새벽빛 헛발길 한다

가시풀 올려와 까맣게 서 있는 떡갈나무숲 사이로 몇이서 침 묻혀 내다
보는 길 하나 만들었다

- 시(詩) · 2

제일 슬프고 아팠던 그 시절, 시를 만나게 되어 그 슬픔을 승화시
키게 된 것을 선생님께 감사합니다. 그가 묻혀있던 동작동 국립묘지
에 갈 때마다 마음이 요동쳤고 그때마다 말할 수 없는 슬픔이 일었
습니다. 그리고 그 시리즈를 썼지요. 그 계기로 끝없는 슬픔을 풀어

낸 시들이 내게 왔었습니다. 시인을 만들어 보겠다는 선생님의 열정을 누가 따라올 수 있겠습니까? 광화문에 드나들다가 고 박태진 선생님도 만났고 많은 귀한 시인들과 교류할 수 있게 도와주셨습니다. 선생님은 항상 우리는 동갑내기라고 웃으셨지만, 시에 대한 선생님의 열정이 눈부셨습니다.

　선생님은 시(詩) 그 자체라고 말씀드렸습니다. 젊은 시절부터 시와 동고동락 하시며 계간 『시와 산문』이라는 씨를 심으셨고 튼튼한 나무로 성장하도록 가꾸어 나갔습니다. 선생님의 그 열정이 지난 25년 긴긴 세월, 한 번도 빠진 적 없는 계간지 『시와 산문』을 세상에 펼치지 않았습니까? 계속해서 이어갈 것이 아니겠습니까? 선생님께 감사한 것은 시를 사랑하셔서 시를 빌미로 돈을 챙기거나 함부로 신인을 등단시키지 않으셨습니다. 시를 잘 쓰는 시인을 만나는 일을 워낙 기뻐하셨고, 문학에 대한 거침없는 박식함에 놀라웠습니다. 그중 가장 기뻤던 것은 선생님 주위가 깨끗하고 맑아서였습니다. 그래서 '시 자체로' 아름답게 선생님을 기억하며 감사합니다. 오늘 스승의 날이어서 내 생애의 마지막 스승님께 편지를 드립니다.

　비유와 상징으로 만드는 언어의 연금술사, 시인의 길로 우리를 인도하신 선생님께 깊이 감사합니다. 이미지는 인간이 사물에 닿는 길로 가도록 의미를 주는데, 선생님께서 진정한 사물에 닿는 길의 안내자로 옆에 계셔주셔서 눈물을 닦은 시를 쓸 수 있었습니다. 감사합니다.

새벽의 이촌동에서

        나영례 사장님, 텃밭에서 뽑아주신 여린 상추, 비타민, 루꼴라, 어린 배추 쑥갓… 을 먹으면서 깜깜한 밤, 물 줄 때 따라 나갔다가 모기에 물렸던 팔뚝에 서버쿨약 바르면서 누굴 생각하는지 아시지요? 그날도 처음 가본 사당시장 구경까지 시켜주었고 한 번도 가본 적 없던 식당에 데리고 갔었습니다. 허름한 곳이지만 사람들의 발길이 끊이지 않는 곳을 어떻게 그렇게 잘 아시는지 늘 궁금합니다. 내가 잘 모르는 교수님이라 불리는 분과 셋이 어울려 다닌 것은 내게 파격입니다. 그러나 나사장을 잘 알기에 따라 다닐 수 있었습니다.

    우리가 처음 만난 곳은 아무것도 걸치지 않은 사우나였던가요? 아파트 리모델링 주민회장이었어요? 아파트 리모델링 설명회에 나가서 옆에 나사장 이야기를 들으면 무조건 수긍이 가므로 가감 없이 사장님 의견을 따랐다는 것을 아시지요? 아파트는 아니더라도 연립 주택 수십 채를 지었던 회사 사장님이잖아요. 주택건축에 대해 모르는 것이 없잖아요. 몇 번 공사현장을 방문했던 기억이 생생합니다. 철근이 나뒹굴고 시멘트를 굳히기 위해 세워둔 기둥 사이로 시멘트가 풀풀 날리고 아직 공간뿐인 방방을 구경했을 때, 사장님은 머릿속으로 그림을 그리고 계신 것을 알았습니다. '여긴 어떻게 해야 할까? 부엌이 탁 트이게 보이려면 이곳을 늘리고 통로에 다른 것을 두면 안 되겠네.' 내게는 보이지 않는 것을 보고 계셨습니다. 나는 그런 건설현장이 낯설어 겨우 참고 참으며 서 있었지만, 나사장의 머릿속은 여간 복잡하지 않았을 테지요. 그런 전문가의 의견을 어찌 따르지 않을 수 있겠습니까? 그래서 우리는 같이 잘 다녔는지 모릅니다.

한번은 이렇게 이야기했습니다. "내 인생을 책으로 펴내도 서너 권은 족히 될 것입니다."하면서 인부들이 어떻게 여자인 나사장께 휘파람을 불면서 딴전을 벌였던지, 그래도 꿋꿋하게 잘못된 것은 부수어서 다시 시공하게 했다든지, 인부들을 호되게 다룬 일과 건설의 원칙에 대해 말했지요? 여자의 섬세함과 눈썰미가 더해져서 잘 지어진 주택은 금방 분양되었다면서요? 사장님은 남자다운 박력과 추진력이 있어서 언제나 나는 쉽게 끌려다니게 되었습니다. 어느 날, 첫째 따님이 제게 물었습니다. "어떻게 우리 엄마와 친하게 되었어요?" 그래서 알았습니다. 언제나 나사장의 손은 크고 남에게 베풀기를 즐거워하고 자신에게도 남에게도 좋은 음식을 권한다는 것을. 자신에게 좋은 것을 남에게 잘 나누어 준다는 것을. 산부인과 이정 원장이 혼자 잡숫는 것이 안 되셨다며 물 좋은 회를 사주신 것으로부터 시작해서, 댁에서 차려주신 밥상을 이원장은 잊지 못하잖아요. 꼭 어머니의 밥상 같다면서. 중간에서 내가 잘 얻어먹었습니다. 몇 차례 댁에서 먹고 또 싸 주시면 우리 딸조차 나사장님의 것은 무조건 맛있는 것으로 알고 있어요. 음식도 좋은 재료로 맛깔스럽게 하잖아요.

그 무렵 나도 나사장에게 의미가 되는 일을 하고파서 함께 영화를 보러 갔습니다. 한창 뜨고 있는 "왕의 남자"를 본 사장님은 그 화면에 나오는 폭력 같은 장면을 참지 못하고 끔찍한 피에 대해 충격적으로 이야기했습니다. 그 후 다시는 영화를 같이 볼 수 없었습니다. 그러나 시립미술관 인상파 전시와 국립중앙박물관을 다니면서 이야기를 나눌 기회가 많았습니다. 내가 나사장의 여성성을 느낀 것은 어느 날의 고백이었습니다. 그날도 함께 자주 다니던 전 은행지점장과 셋이 차를 마실 때였습니다. 언제나 여자들과 노는 것보다 남자들과 노는 것이 기질에 맞는다고 하였기 때문에 남자들과 만나는 것은 자연스러워 보였습니다. "내가 최근에 한 사람을 만났는데 참으로 점잖고 멋있어요. 외국에서 살아서 그런지 매너가 되었고 사귀고 싶은 마음이 있어요."

우리는 그저 나사장의 독백을 듣고 있었지만, 속으로 남자를 따라갈 수 있을지도 모른다고 생각했습니다. 이 만남은 나사장이 골프를 사랑할 때부터 잉태되기 시작했습니다. 오래 해왔던 건축도 정권이 바뀌면서 손을 떼고 그때부터 생기기 시작한 여유는 골프를 즐기기에 충분했습니다. 그전부터 좋아했던 골프에 몰두하셨지요. 그리고 그런 남자분도 만났습니다. 걱정스러웠으나 나사장이 모든 걸 팽개치고 그를 따라가지 않았다는 것은 분명합니다. 여자로서 나사장은 꽹장히 매력적입니다. 결혼하자고 하도 따라 다니며 졸라서 결혼했더니, 딸 셋을 남겨두고 남편이 먼저 하늘나라에 가셨다고 했지요? 나사장은 예쁘다거나 멋있다기보다 매력적입니다. 그리고 부지런하십니다. 언젠가 집을 지을지 모른다면서 가지고 계신 밭마저 놀리지 않고 농사를 지었습니다. 넘치도록 풍성한 푸성귀와 옥수수 등 그때부터 나는 나사장의 손에서 많은 것을 얻어먹었습니다. 감사합니다. 그곳이 멀리 있고, 눈에 문제가 생긴 나사장께 서울시가 제공하는 텃밭은 너무나 작은 땅이지만, 가보고 놀랐습니다. 나사장만큼 다양한 채소들을 심은 곳은 없었습니다. 텃밭 주인들은 서로 다른 사람의 텃밭도 돌아보고 어떤 야채들을 어떻게 심었는지 보잖아요. 이제 장마철이 지나면 채소재배는 끝날 때가 온다면서, 오이 호박넝쿨을 받아 올릴 거치대까지 만든 밭은 유일합니다. 가장자리에 고추를 빙 둘러 심었고 내게 줄 수 있을 정도까지 정성껏 돌보아 하루가 다르게 잘 자라군요.

　나사장님, 그렇게 주는 손이 복이 있습니다. 감사합니다. 그날 시장 바닥에서 장사하는 여자를 보면서 '저렇게 사람들과 부대끼면 거칠어질 것이다. 나는 곱게 살았으면 좋겠다.'고 했을 때 나사장이 말했지요?

너무 고우면 재미가 없다며 내가 재미없는 사람이라 했습니다. 그렇습니다. 그래서 나사장이 끌고 가면 잘 따라 다니잖아요. 동행했던 교수가 말했습니다.

"나사장은 골프가 재미있지. 골프 이야기를 무척 좋아하잖아."

그렇게 열심히 열정적으로 살아있는 나사장이 좋아요. 무공해 어린 채소를 나눠주셔서 감사합니다. 좋은 이웃이 되셔서 얼마나 좋은지 모릅니다. 감사합니다. 이촌동에서 이웃으로 함께 사는 우리가 이촌동의 특색을 노래하는 시를 올립니다.

나뭇잎과 함께 발밑에 구르는 휴지
쓸어가는 그는 덜 깬 잠 뒤쫓고 있다
사람은 불씨 사람은 물줄기 사람은 밑빠진 독
앞질러 종량제 뭉치 집어삼킨 청소차 밖으로
휘날리는 비닐봉투 그의 어깨 위 지나가고
뒤이어 뒤척이는 한강 물소리 비집고 들어온다
불빛 아래 사람들 흘러다니는 밤사이
오물 뒤집어쓴 채 도시는 잠들어
게워놓고 떠났던 그 날 너머

한기(寒氣) 몰고서 다리 밑 새똥에 밟힌다

허리 꺾인 소주병 길거리에 나앉고

검은 가게들 번들거리는 유리창에 별

수많은 상표 붙들어 두고 있다

사름은 밑빠진 독 사람은 구름 속 물씨 사람은 불

은사시나무에 걸려있던 먼지, 깃털처럼

그의 머리 위에서 부스스 흩어진다

헌 신문지 같은 아무 데나 돋는 잡초 같은

아무 것도 비추지 않는 눈썹달 같은

아파트 가득한 골목 새로이 낳고 있다

슬픔을 퍼다 나르는 망초꽃 필 즈음

이촌동 거북선 나루터 지우며

웃자란 해바라기 곁에 서 있다 한강은

누구도 말이 없다

– '새벽의 이촌동에서'

물은 둥글다

내 친구 정자야, 막바지 더위 가운데 매미는 자기 존재가 곧장 잊혀질 것을 아는지 저토록 피맺힌 울음을 우는 것일까? 귀청을 뚫고 들어오는 매미 소리가 천지 사방에 가득하구나. 우리도 젊었을 때 저렇게 열정적으로 살았을까? 너를 보면 그렇게 살았으리라는 생각이 드는 것은 또 왜인지 모르겠다. 우리가 막 오십 고개에 접어들었을 때, 서울에서 살아있는 국민학교 친구들이 동창이라는 이유로 모이기 시작하여 20여년을 한결같이 만나잖니? 조금씩 너에 대해 알아가면서 내심 기뻤던 것을 말하고 싶었다. 사실 우리가 만난 지 채 2, 3년도 되지 않아 나의 남편이 소천하였고 그 슬픔으로 침잠해 있었기 때문에 나는 친구들을 잘 만나지 못했어. 껍질로만 내가 존재했으니까. 그러나 그 당시 너는 봉사라는 단어를 가장 많이 사용했었어. 봉사하는 삶의 아름다움을 역설했던 것이 기억에 남아있거든. 사람들에게 밥을 나눠주고 설거지를 하면서 인생의 행복을 느꼈다고 했지? 봉사를 통해 하나님의 따뜻한 은혜를 체험하는 것은 하나님의 선물이라고 했니? 봉사하는 삶을 살아야 한다고 만날 때마다 말했던 것이 내 기억에 남아있는 것은 슬픔 가운데 침몰해 있었던 난 그 슬픔을 빠져나올 수 없어 봉사할 엄두조차 낼 수 없었기 때문일 거야.

우리 삼덕회에서 창경궁을 관람한 다음, 전철 안에서 미자에게 돈 꾸어준 이야기를 네게 했었어. 너랑 둘만 있었기 때문에 가능했었지. 왜 그랬는지 나도 몰라. 너는 잘 들어주었어. 그리고 덧붙여서 다른 애들에게 돈을 꾸어간 그 애의 사정을 내게 이야기했었어. 그렇구나라고 그때 알았지만 이미 엎질러진 물이잖니? 암튼 너는 정확하게 상황을 말해주었고 내겐 도움이 되었어.

엊그제 만났을 때, 너는 이혼 직전까지 몰려간 어떤 부부의 이야기를 했지. 부인이 힘들어했을 때 네가 만나서 전후 사정을 경청하고 다시 남편을 따로 만나자고해서 둘이 만난 후, 우선 부인이 싫은지 어떤지를 먼저 물어보았다고 했어. 그분은 아내가 좋은데 왜 문제가 생기는지, 왜 부인은 같이 살기 싫어하는지 조목조목 따지다가 네가 말했다고 했어. "아내와 계속 살려면 한 가지 조건이 충족되어야 하네요. 아내에게 간섭하는 것 특히 각각 연금을 받고 있는데 부인이 자기 연금을 어디에 사용하든지 간섭하지 말 것"이라고 충고를 했고 그것이 받아들여져서 그들이 재미있게 살고 있다는 이야기를 하면서 최여사를 만난 뒤 이혼의 위기에서 탈출하여 행복하게 되었다는 그들의 이야기가 동네에 퍼졌다면서? 남을 배려할 줄 아는 너의 태도와 다른 사람의 말을 경청하는 너는 어떤 문제든지 객관적으로 볼 수 있는 이성적이고 합리적인 동시에 애정을 가지고 문제를 풀어나가는 가슴을 가지고 있다고 생각되네. 그러므로 편안하게 이야기를 풀어놓음으로 사람들은 자기 상황을 이해하게 되고 또 문제를 직시하게 되니까.

내 기억에 또렷이 남아있는 네 남편과의 마지막 몇 년을 짚어볼까? 은퇴 후 네 남편과 많은 시간을 보내면서 서로가 다른 점 때문에 네가 힘들었지. 남편은 권위를 세우며 자기 마음에 맞는 것만 허락받기를 강요하고 고집을 피우는 통에 네가 힘들어했었어. 너의 자유로운 영혼이 속박받는 느낌이랄까? 아내를 이해하기보다 남자의 속성대로 자기 페이스에 맞춰 살자며 널 간섭했지. 그런 남편이 간암 3기 진단을 받은 후 병원에 드나들면서 너는 상상을 초월할 만큼 간병에 매달렸어. 언제 힘들었기나 했냐는 듯 간암에 대한 지식을 철저히 습득한 다음, 의사의 처방에 따라 너처럼 누가 완벽하게 간호하겠니? 매일 간에 좋다는 녹즙을 마시게 하고 네가 할 수 있는 일이라면 무엇이든 했었어. 몇 개월 살지도 모른다는 진단에도 불구하고 남편을 7년인가 8년을 잘 살게 했잖니?

거의 마지막 순간 정신이 오락가락하였던 네 남편의 일화는 재미있어. '예쁜 최정자가 있고 나쁜 최정자가 있고 또 사랑스런 최정자가 있다'고 했지? 엄격하게 병을 관리하는 네가 서운하게 느껴지기도 했지만, 언제나 기다리던 그는 부인을 보기만 해도 행복해져서 예쁜 정자가 왔다고 좋아했다면서? 남편이 소천하고 너는 남편과의 추억 때문에 많이 상심했었어. 은퇴 후의 힘들었던 몇 년을 깡그리 지워버리고 애틋했던 신혼 때의 감정에 사로잡혀 많이 슬퍼했었어. 한 남자와 일생을 걸고 함께 살 수 있었음을 감사하면서 그 남편이 많이 보고 싶다고 했지?

어느 날 우리가 너희 집에 갔었던 기억이 나네. 벚꽃이 피는 봄날이었어. 아파트 입구에서부터 벚꽃은 터널을 만들고 우리는 소녀처럼 마구 좋아했지. 코흘리개 친구니까 스스럼없이 마구 좋아했다지만 식탁은 푸짐했고 네가 전날부터 준비해둔 반찬 특히 건강한 나물찬이 돋보였어. 벚꽃 터널을 지나 네 집에 갈 때부터 나올 때까지 까르르 웃으면서 기분 좋은 시간을 보냈지. 너 덕분이야. 감사해.

네게 대하여 잊지 못하는 일은 따로 있어. 그날은 우리가 전화로 미자의 돈 꾸는 이야기를 하게 되었을 때야. 나도 그때쯤 그 친구에게 실망했고 여럿 애들이 걸려있는 문제라서 어떻게 할까? 망설이고 있을 때였어. 한참 말을 나누는데 네가 말했지.

"미자는 우리 친구잖아. 친구를 믿어야지." 그 말은 내게 얼마나 신선하게 다가왔는지—친구니까 돈을 빌려주었고 친구니까 믿었던—내 진심이 너를 통해 각인되었다고 할까? 그래, 무슨 걱정이야. 친구를 존중하는 마음이 되살아났어. 부족하고 실수가 많은 우리가 작은 것 때문에 친구를 잃어서는 안 되니까. 정자야, 언제나 좋은 친구 정자야. 네가 있어서 시시콜콜한 것까지 나눌 수 있어 감사해.

시를 쓰는 나를 보면서 너는 솔직하게 시가 무엇인지 모른다고 말하지 않았니? 아님 누구지? 내가 좋아하는 나의 시는 '물은 둥글다'이다. 물 대신 진리를 넣어서 '진리는 둥글다'가 될 수 있고 물 대신 '정자는 둥글다'라고 네 이름을 넣어도 되는 시, 완벽한 은유가 되는 시 일수록 좋은 시라고 말할 수 있지. 정자야, 너의 합리적이고 이성적인 사고뿐 아니라 네가 예수를 믿는 사람이어서 더욱 좋다. 사랑이 덧입혀져서 남을 판단하거나 정죄하지 않으니까. 그래서 솔직할 수 있고 그래서 내가 조금 부족하게 굴어도 참으며 들어줄 줄 알잖아. 어떤 문제에, 부딪쳐 서로의 주장을 내세울 때 마지막에 예수를 믿느냐 안 믿느냐에 따라 결론이 날 수도 있고 지루한 공방만 계속될 수도 있을 때, 예수를 믿는 친구라는 사실이 참 고마울 때가 있지? 말이 통한다는 느낌이거든. 그래서 네게 감사해. 명문 삼덕이라고 줄곧 주장해온 경심이, 사랑스러운 동명이, 남에게 퍼주기를 기뻐하는 박정자, 언제나 씩씩하고 긍정적인 예수쟁이 임식이, 6년 내내 일등만 했던 열미와 영순이 그리고 너까지 다시 만나게 해주신 주님께 감사해. 열한 명이 만나다가 이미 우리와 작별한 친구도 있지만, 이렇게 살아서 말을 섞으며 오늘도 안부를 물으니까 살맛이 나지 않니? 함께 졸시 '물은 둥글다'를 음미할까?

몸도 한자리 못 앉아 있는 몸일 때

갈래의 길 흔들리며 따라가다가

어느새 휘고 꺾여 돌아가는 강물이다

처음과 끝이 같은 파문

그 정정한 방울 돌로 찍어누르면

손짓 발짓으로 튀어나간다

아무리 쪼개어 눌러 죽여도

가라앉아가며 서로 등 기대어

보다 큰 줄기 이룬다

둥글게 맺히고 언제나

동그라미 그리는 물의 살결

햇볕의 등허리에 부딪혀

물너울로 건너올 때 둥글다

물의 고리 각진 세상에 살아 반짝인다

– '물은 둥글다'

가시연

내 친구 동명아

요즈음 서울 약사회에 있는 원적외선 찜질방에 너의 이름을 대고 다니면서 널 더 많이 알게 되어 감사해. 네게 무슨 이야기를 하면 넌 잠잠히 들어주고 꼭 맞는 대꾸를 달아주어서 상대방의 마음을 헤아려주는 너의 깊이를 짐작하게 해. 작가들 중 깊이가 남다른 도스토옙스키를 가장 좋아해서 그의 모든 작품을 몇 번이나 읽었는지 모른다고 했지? 언제나 책이 네 손을 떠나질 않는다는 말은 나를 돌아보게 했어.

1년에 책 한 권 읽지 않는 사람을 이해하지 못하겠다는 마음으로 살고 있으며 손에서 책을 떼지 않는 내 동무 동명아, 네게 감사한 것 많지만 한두 가지만 꼽아볼까? 우선 언제쯤이었니? 국민학교 동창으로서 우리가 함께 밤을 보냈던 일박이일 여행을 떠났을 때야. 주산지와 주왕산 국립공원에 갔을 때라고 생각해. 명승지 탐방차 그곳을 갔을 때, 내가 미처 준비를 잘하지 못해 추위에 떨 때마다 너는 네가디건을 건네주었고 버틸 수 있도록 배려했어. 그 따스한 느낌을 잊지 못해. 어찌 잊겠니? 그리고 처음 우리가 만나기 시작했을 즈음에는 네가 자주 말하곤 했어.

"갑생이에게 들어보자." 사회적인 이슈나 어떤 문제에 대한 우리 의견이 분분할 때마다, 내 의견을 물었었어. 고마워 언제나 남의 의견을 존중할 줄 아는 네가 참 좋았어. 동명아, 갑자기 떠올리는 친구는 그러한 친구가 아닐까? 너는 아침 햇살처럼 투명하고 밝게, 그리고 붉게 물든 저녁노을의 마지막 아름다움처럼 기억에 남아있는 사람이야. 아마 너의 겸손이 주님 보시기에 좋은 성품이 아닐까라고 미루어 짐작하네. 열미가 갑자기 우리 곁을 떠나가니까 그를 잘 이해하고 있던 네게 말 걸고 싶어져서 네가 다니는 서울약사회신협 원적외선 찜질방에 가고 싶다고 연락했을 때, 기꺼이 나를 데리고 가 주었어. 고마웠어. 너를 친구로 주신 하나님께 감사해.

너는 어떤 일에도 다른 사람의 편을 들어주거나 나쁘게 대하지 않는 인간미가 넘치는 친구야. 수다스럽지 않고 언제나 묵직하게 중심을 잘 잡아주는 친구, 그리고 예수를 잘 믿으면서도, 내색하지 않는 그런 친구가 있다는 것은 우리의 행운이야. 그 당시의 나는 가시연과 같았지. 그렇게 보이지 않았니? 너무 힘들던 시절의 나를 떠올리면 그렇다고 인정하겠지? 함께 음미해볼까?

마지막 연에서 주님이 계시기에 버티며 살아냈던 것을 암시하는 한 편의 시 가시연이었던 나를 네게 보낸다.

어둠뿐이었다

발등을 찍어대는 어구(魚狗)소리에 놀라

잠 깨어 나의 하루를 연다

뿌연 어둠 속에서 눈을 떴다

차츰 눈시울에 젖어들자

익숙하게 존재의 흔들리는 몸짓으로

그러나 서럽도록 일어선다

별이 지나간 자리마저

까맣게 묻히고 사라지는 게 아쉬워

진흙탕 속에서 삐쭉 손들 때

내리꽂히는 빗방울 거세진 작달비

폭풍이 먼저 때리고 뒤흔들었다

눈에 넣어도 아프지 않은 꽃을 위해

몸부림, 끝에 매달린 가시 하나

하나의 가시는 까마득한 미래로 태어난

별을 간직하려던 나의 상처다

온몸에 하나 둘 가시 박히면

서서히 한 계절이 사라진다

내 손을 잡아주기 전

누구인지 알 수 없는 이름 부르며

나에게 다가온 그는 빛이었다

– '가시연'

　감사편지의 위력은 나에게 충격이었다. 그냥 내 마음을 전하는 도구로써 가볍게 시작했으나 그 결과물로 나타난 잠재력을 말하지 않을 수 없다.

　무엇보다 우선 편지를 받은 사람의 감사가 내게 부메랑으로 돌아왔다. 나는 그저 감사하다고 말했을 뿐인데, 그분과 관계가 상상 외로 깊어지고 있다. 달리 표현하자면 나를 새롭게 인식하는 것 같았다. 정말 의도하지 않았던 뜻밖의 결과물이 눈앞에 나타났다. 그러므로 나의 인간관계가 그만큼 깊어진 것이다. 그래서 감사하다.

　몇 년이 지나며 글 쓸 동안, 가슴 아픈 사연을 열거해본다. 특별히 편지 쓸 때 어렵고 힘들게 쓴 글들이 있다. 무엇보다 어려웠던 큰동서에게 편지를 드리고 걱정스러웠던 마음이 생생하게 남아있다.

　감사하는 마음으로 읽어질까? 내 진정성이 그대로 전해질까? 어떻게 나오실까? 내 기우가 무색하게 편지를 받으신 이후, 형님과의 사이가 참 좋아졌다.

"내가 잊은 것까지 어떻게 기억하고 있지?"

형님이 그렇게 말을 꺼내셨다.

형님도 글을 쓰시는 분이라, 6.25와 관련된 일, 이북에서 살았던 처녀 시절과 해주에서의 피난 길 그리고 대학에서 있었던 에피소드 등 잊지 않으려고 하시는 것을 정리해서 책으로 출간하려 하셨는데 그러면 형님께 드린 편지도 책에 수록하겠다고 하셨다. 그 형님이 생애를 정리할 틈도 없이 갑자기 소천하셨다. 소천하시기 전에 마지막으로 만났던 사람이 나였다. 그날, 제일 친했던 대학 동기와 그 다음날 약속이 있다면서, 우리 집 근처에 오셔서 함께 점심을 먹고 돌아가시는 길에 의식을 잃고 깨어나지 못하시고 열하루 후 소천하셨다. 그러니까 형님과 마지막 말을 나누며 시간을 보낸 사람이 내가 된 것이다.

"형님, 참으로 고우세요. 오늘 더 예뻐요"라고 나눈 말이 마지막 말이 되다니… 건강하고 빛나는 모습으로 오셨기 때문이다.

그전에 감사편지를 드리지 않았다면, 나의 감사는 영영 파묻히고 말았을 것이다. 그래서 감사편지는 미루면 되는 것이 아니다. 지금이라도 늦지 않다. 그리고 미국에 계시는 이원상 목사님께, 미국의 아주버님께 또 이충이 선생님께 돌아가시기 전에 감사편지를 드렸기 때문에, 뒤돌아보니 작게나마 위안이 되어 나를 다독인다.

　일일이 열거하지 않아도, 편지가 읽히고 감정의 이끌림을 받아내고 그리하여 서로서로 달라졌던 생각의 결이 어울림으로 새롭게 관계를 조명하게 되는 것이 아닐까? 쓴 뿌리가 사라지는 것은 감사에 기초할 때가 아닐까? 이끼처럼 덮고 있는 쓴 뿌리를 걷어낸다면 다시 말해서 그에게 감사한다면, 새로운 시작의 문이 열리는 것이다. 한참 편지 쓸 일이 뜸해지고 감사할 사람이 있는가, 묻고 있었다. 있다. 바로 나 자신이었다. 나에게 화해를 청하고 싶었다. 잘못 산 것을 다 용서하고 나를 온전히 놓아주고 싶었다. 그래서 나에게 편지를 썼다. 한번 썼으나 계속 올라오는 것 때문에 두 번, 세 번이나 썼다. 어떻게 그것이 가능했을까? 그만큼 자기 속은 더욱 복잡했다. 인생에서 자기를 성찰하는 글쓰기는 반드시 해야 할 일이 아닐까라는 마음이 강하게 드는 이유이기도 하다.

　어렵다고 생각되지만 지금 편지를 쓰는 것이 어떨까? 자신에게 쓰는 것은 어떨까? 편지를 쓰는 것은 굉장히 아날로그적인 방법이지만 사람의 마음을 터치하는 것으로 이만한 것이 다시없다. 특별히 감사편지는 닫혔던 마음마저 두드린다는 표현이 더 적절하다. 시간이 지나쳐버리기 전에 다시 못 올 기회를 놓치지 않았으면 좋겠다. 관계가 다르게 전개되니까.

가을이 불타오르고 있다. 마지막 남은 정열을 쏟아서 자기 색을 입히고 있다. 더 빨갛게, 더 노랗게 그리고 고고하게. 자기가 살아냈던 첫사랑의 봄을, 뜨거웠던 여름의 시간을 담아내고 있는 것이다. 감사는 그렇지 않을까? 자기가 살아냈던 시간을 색깔별로 물들이는 것이 아닐까? 감사가 많을수록 더 노랗게 샛노랗게 더 빨갛게 빨갛게 물드는 것이 아닐까? 이 가을이 예뻐서 좋다. 이처럼 감사는 많을수록 예쁜 가을처럼 수놓아지리라. 이 글을 읽는 사람마다 감사를 표하기, 자기방식대로 감사를 표현하기를 바라는 것은 그냥 나의 작은 미망일까? 아무래도 가슴에 와 닿지 않는 기대일까? 감사편지의 위력을 체험하시기를 온 마음으로 진심으로 소망한다.